La Comida de Miami
Publicado por
Periplus Editions (HK) Ltda.
Editorial ubicada en
153 Milk Street
Boston, MA 02109
y
5 Little Road #08-01
Singapur 536983

Derechos © 1999
Ediciones Periplus (HK) Ltda.

Stuart, Caroline.
  [Food of Miami. Spanish]
  La comida de Miami : recetas auténticas del sur de la Florida
y los Cayos / ensayos y recetas por Caroline Stuart ; otros ensayos por Kendall Hamersly ... [et al.] ; traducción al español
de Claudia M. Lee.
  p. cm.
  Includes index.
  ISBN 9625938087 (hc.)
  1. Cookery, American. 2. Cookery--Florida--Miami. I. Title.
TX715.S921718 1999
641.59759'381--dc21   99–36396
                                                            CIP

Créditos

Acabados: *South Beach Evening* por Matthew Popielarz. Reimpreso con su autorización.
páginas i, 6–9: imágenes, cortesía de la biblioteca Charlton W.
Tebeau; Historia de La Florida, del Museo de Historia del sur
de La Florida. Reimpreso con su autorización.
pagina 15: *South Beach,* varias técnicas, por Alexander Chen,
cortesía de la Gallery Art. < www.artman.net >, tel: (800) 332-
4278 © Alexander's World. Reimpreso con su autorización.

Distribuido por

Estados Unidos
Tuttle Publishing
Centro de distribución
Airport Industrial Park
364 Innovation Drive
North Clarendon, VT 05759-9436
Tel: (802) 773-8930
Tel: (800) 526-2778

Japón
Tuttle Publishing
RK Bldg. 2nd Floor 2-13-10 Shimo-Meguro,
Meguro-Ku Tokyo 153 0064
Tel: (03) 5437-0171
Fax: (03) 5437-0755

Canadá
Raincoast Books
8680 Cambie Street
Vancouver, British Columbia
V6P 6M9
Tel: (604) 323-7100
Tel: (604) 323-2600

Asia y el Pacífico
Berkeley Books Pte. Ltda.
5 Little Road #08-01
Singapur 536983
Tel: (65) 280-1330
Fax: (65) 280-6290

Primera edición
1 3 5 7 9 10 8 6 4 2
06 05 04 03 02 01 00 99
IMPRESO EN SINGAPUR

LA COMIDA DE
MIAMI

Recetas Auténticas del sur de La Florida y Los Cayos

Ensayos y recetas por Caroline Stuart

Otros ensayos por Kendall Hamersly, Howard Kleinberg,
Nancy Klinginer y Maricel Presilla

Traducción al español de Claudia M. Lee

Presentando recetas de la autora y de los siguientes
restaurantes del sur de La Florida:

Astor Place	Norman's
Blue Door	Norma's On The Beach
Cheeca Lodge	Pacific Time
Chef Allen's	Sweet Donna's Country Store
Deering Bay Yacht & Country Club	Turnberry Isle Resort & Club
Johnny V's Kitchen	Twelve Twenty
Louie's Backyard	Two Chefs Cooking
Mark's Las Olas	Yuca

Fotografías de Jacob Termansen
Diseño de Christina Ong y Chia Meow Huay

PERIPLUS

Contenido

Parte primera: La comida de Miami

Todo bajo el sol

Por Caroline Stuart

La comida de Miami y Los Cayos es tan sorprendente y colorida como sus habitantes. Entre la gran variedad de gentes que han contribuído a su cocina se encuentran los cubanos, nicaragüenses, argentinos y demás grupos latinoamericanos, así como los haitianos, bahamenses, jamaiquinos, ex-esclavos y los norteamericanos que llegaron de otros estados.

Desde su nacimiento como ciudad, hace ya más de un siglo, sus deslumbrantes playas y su clima seductor han atraído a un gran número de personas. Gentes de otras culturas han ido llegando, y es indiscutible que el sabor latino lleve el ritmo de esta colección de pueblos, vecindarios e islas. Los latinoamericanos encontraron un clima familiar y sus ingredientes acostumbrados y convirtieron en platos típicos de la región sus viandas de arroz con frijoles, arroz con pollo y cocido de garbanzos.

Las gentes de Nueva York trajeron consigo delicias como los *bagels* con salmón y la extensa colección de comidas Kosher. Comidas de los ex-esclavos, o *soul foods*, se manifiestan en deliciosas parrilladas de costillas de cerdo ahumadas, acompañadas de mazorcas y adornadas con berza. Los primeros colonos de la región han aportado una combinación de *soul food* y de platos tradicionales de los estados del sur que incluye los populares *grits*, o papilla de maíz, y *deep-fryed hush-puppies,* los cuales ya forman parte de los exquisitos menús de los restaurantes y a los cuales los bahamenses han añadido pudín al vapor y ensalada de caracol.

Residentes y visitantes por igual llenan mesas y balcones en los cafés y disfrutan bebidas de moda y el ambiente alegre del South Beach. En los restaurantes se sirve pescado a la plancha y sorbetes de todo color. Los cafés sirven especialidades internacionales y los restaurantes asiáticos sirven sus platillos tradicionales con una pizca de sabor local.

En otros vecindarios de la ciudad, los cocineros rebuscan en los mercados los mariscos, para preparar especialidades lugareñas como las apetecidas croquetas y cazuelas. Contribuyen a esta rica cocina la gama de productos cultivados en el área, como naranjas agrias, piñas, cocos, bananos, caña de azúcar, mangos, guayabas, papayas y aguacates.

Al sur de Miami, Los Cayos flotan formando un collar de perlas cuya última prenda es Key West. "Margaritaville", la canción de Jimmy Buffett, le da el tono a esta parte antigua de La Florida de origen africano, un lugar perfecto para saborear un atardecer acompañado del cremoso esplendor de un pastel de limón.

Página 2:
El Packard modelo 37 al frente del hotel Leslie muestra el ambiente refinado de una de las primeras épocas de esplendor de Miami Beach.
Al lado opuesto:
Aunque los colores neón y pastel dominan la arquitectura de South Beach, el blanco intenso de la fachada del Tides le da una atmósfera nítida al desayuno.

Historia culinaria de Miami

Pescado en verano y yankis en invierno

Por Caroline Stuart

Aunque la gente que ha vivido por generaciones en La Florida diga que Miami y Los Cayos ya no forman parte del estado y que sólo una parte del noreste y "las islas" lo son, en el casco urbano, que comprende una serie de pueblos como Miami Beach, Coconut Grove y Sweetwater, se siente el mismo sabor. A una distancia razonable se pueden degustar desde *bagels* con salmón, pollo frito a la sureña y *sushi* japonés hasta cabra al curry jamaiquina y sánduiches cubanos. El mercado es también internacional: Un mercado asiático que venda caña-santa puede quedar puerta a puerta con una bodega latina donde ofrezcan las famosas naranjas agrias para preparar la auténtica marinada cubana.

La historia culinaria del sur de La Florida es una historia de inmigración y adaptación. Incluso los nativos Seminoles inmigraron desde otras regiones de Norteamérica. Quizá fueron ellos quienes por primera vez abrieron la base de la palma Sabal para extraer los palmitos, delicia conocida en el área como

Los timocuas habitaron las orillas del río St. John durante el siglo XVI. Cuando los jefes y los nobles se reunían para discutir los asuntos importantes, compartían una infusión de hojas secas de casina, y sólo aquellos que podían ingerir el líquido sin enfermarse se consideraban capaces de defender la tribu.

swamp cabbage y que figura en casi todos los menús.

El explorador español Ponce de León desembarcó un domingo de 1513 a las playas de La Florida, y como era el día de la Pascua florida le dio a la región el nombre de La Florida. Allí buscó Ponce de León en vano la fuente de la juventud; otros exploradores europeos recorrieron sus pantanos en busca de oro, joyas y nativos para la trata de esclavos, pero todos sus intentos fracasaron.

El gobierno de Los Estados Unidos adquirió La Florida en 1821 y en 1845 la estableció como un estado. Gentes valientes y trabajadoras que llegaron de otros estados lograron labrar la tierra a pesar de los mosquitos, la hostilidad de los nativos y el ardiente sol. A estos primeros agricultores y a sus denscendientes se les conoce con el nombre de crackers.

Los *grits* son una papilla hecha de maíz seco y desgranado, finamente trillado y cocido hasta formar una masa que luego se dora a la plancha y se sirve para el desayuno o para acompañar la carne o el pescado. Tanto los *grits* como la harina de maíz son alimentos que hoy forman la base de la cocina de los estados del sur. Esta comida cracker puede ser sencilla, aunque a veces se torna muy peculiar, incluyendo extravagancias como cocodrilo enharinado y frito, que a propósito, nada tiene que envidiarle a las *nugets* de pollo.

La geografía aislada, los cocodrilos y los nativos hostiles hicieron de La Florida el destino anhelado de quienes escapaban de la esclavitud durante el siglo XIX. Los ex-esclavos incorporaron su tradición culinaria a la región, la cual se conoce como *soul food* y posee una inmensa gama de delicias como okra, frijoles de carita, pollo frito, berza y otras coles rizadas, así como los *chitterlings* o *chitlins* (intestino delgado de cerdo frito) y la tortuga de agua dulce.

Entre toda la gama culinaria de la región, la comida del sur, la cracker y la *soul food* son las que aún conservan las viejas tradiciones.

Los primeros habitantes de Los Cayos, conocidos como los *conchs*, eran Tories y navegantes que venían de Las Bahamas y de New England. De sus dos tradiciones formaron una, que hoy es parte del gran repertorio de los chefs de La Florida y cuyo plato especial es la inigualable cazuela de caracol.

El postre tradicional del estado también proviene de Los Cayos y es el famoso pastel de limón. Este cremoso pai existe desde cuando la leche conden-

Esta curiosa lámina de finales del siglo XIX muestra el peligro de las condiciones ambientales de los Everglades (región pantanosa y forestal de La Florida).

sada llegó a Los Cayos, antes de que se inventara el sistema de refrigeración, en 1850. La Florida era aún un lugar inhóspito cuando en 1896, el magnate petrolero del Northern Standard Oil, Henry Flagler, extendió su red de ferrocarril de la costa este de La Florida hasta Miami. Sus trenes trajeron gente diversa, desde vendedores de alfombras y los que buscaban las curas milagrosas del clima cálido hasta los inmigrantes compradores de tierras. Flagler construyó lujosos hoteles de veraneo para atender a los acaudalados del norte.

El ritmo del desarrollo se incrementó en los años 20, cuando los precios bajos de una tierra próspera convirtieron a la región en un lugar irresistible para los norteños en busca de fortuna y una apacible vida costera. Cuando inevitablemente el auge de las tierras baratas se acabó, el pródigo estilo mediterráneo de las construcciones dejó su marca imperecedera.

Miami conservó su estilo de lugar de veraneo hasta después de la Segunda Guerra Mundial. Inmigrantes de Nueva York trajeron con ellos las delicias judías como los sánduiches de *corned beef* y los *bagels* con salmón, además del gusto por la refinada variedad de pescados y mariscos de La Florida.

Miami es conocida por su diversidad cultural y sus delicias al paladar. En la foto sacada por el Miami News, *en una panadería de Miami Beach un Rabí disfruta una dona en compañía de la creadora de este delicioso manjar.*

El exilio cubano que comenzó en 1959 inició una transformación de Miami que la convirtió en una ciudad cosmopolita; a esta gran inmigración siguieron otras gentes de toda Latinoamérica que añadieron sus propios sabores. Al barrio cubano de la Calle Ocho se le consideraba el centro de la cultura cubana, pero en el casco urbano casi el sesenta por ciento de la población es de origen hispano diverso. El español es un idioma tan escuchado como el inglés, y se pueden disfrutar una gran variedad de platos como los sánduiches cubanos, los moros y cristianos, el picadillo, tostones y empanadas. El barrio haitiano o Little Haiti, es un lugar sin igual para deleitarse con el pollo y los plátanos al estilo caribeño.

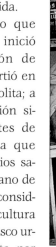

Aquí y allá, especialmente en los tranquilos y relajados Cayos, de boca en boca se pasa el secreto de los lugares donde se pueden encontrar las mejores parrilladas y las casetas de pescado frito. Es un lugar donde todavía se escucha comentar, "Vivimos del pescado en verano y de los yankis en invierno."

Ahora y siempre, Miami ha sido un lugar donde olas de gentes de todos los rincones del mundo han llegado para quedarse; pero por sobre todo, Miami ha sido un lugar de visitantes. En la actualidad, los buscadores del sol tienden a ser más arriesgados que los de antes; piden con más facilidad un pargo cola amarilla que un lenguado y un néctar de mango que un jugo de naranja. Su gusto por la cocina internacional ha inspirado a los chefs a utilizar la abundante gama de frutas, tubérculos y mariscos, y a transformarlos en algunos de los más exquisitos platos de la cocina estadounidense.

La diversidad de Miami y Los Cayos continúa creando un rico manjar de culturas, el cual se cuece lentamente bajo un sol   tropical para formar una fiesta única de sabor internacional, a la que se le añade constantemente una pizca de cambio.

Los Cayos de La Florida

Espíritu libre, buena pesca y excelente comida

Por Nancy Klinginer

La oportunidad de pescar en alta mar y de sumergirse en el único arrecife de corales vivientes de los Estados Unidos es sólo una de las pocas razones por las cuales los turistas llegan en tropel a Los Cayos, el extremo austral de La Florida.

Key West es el cayo más famoso entre las islas que forman este archipiélago. A pesar de los huracanes, el comején y el olvido, las casas de madera, construídas hace más de un siglo, se mantienen en pie, como símbolo de desafío. En la actualidad las casas resplandecen de nuevo con tonos pálidos de amarillo, orgullosas de su desenfado bahamense y de sus ancestros provenientes de New England.

El estado de ánimo de la gran mayoría de sus habitantes refleja el estilo reposado de la arquitectura local. Los pantalones cortos son la moda permanente, tanto abogados como médicos van a sus trabajos en bicicletas viejas y el hombre del bar lleva un doctorado a cuestas de la misma forma desprevenida con la que luce su cola de caballo. La afabilidad de la vieja isla, la buena pesca y el aire tibio

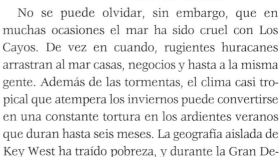

atraen multitudes cada invierno. La presencia perenne de los turistas forma parte de la rutina diaria. El escritor Ernest Hemingway pasó los inviernos de los años 30 en la isla y es ésta el escenario de su novela *Tener y no tener*. Su casa en la calle Whitehead es un museo y una de las atracciones más populares de la isla.

Casi siempre, las aguas han traído fortunas en el comercio, la pesca y las riquezas recuperadas de barcos naúfragos que navegaban el arrecife de coral que corre paralelo a las islas; así que por ende, a sus tibias aguas se les puede atribuír el turismo, un tesoro más de su estilo de vida.

No se puede olvidar, sin embargo, que en muchas ocasiones el mar ha sido cruel con Los Cayos. De vez en cuando, rugientes huracanes arrastran al mar casas, negocios y hasta a la misma gente. Además de las tormentas, el clima casi tropical que atempera los inviernos puede convertirse en una constante tortura en los ardientes veranos que duran hasta seis meses. La geografía aislada de Key West ha traído pobreza, y durante la Gran De-

Aduana y puerto del Key West. Cayo es el nombre que se les da a las islas rasas, arenosas y normalmente anegadizas y cubiertas de mangle, comunes en el mar de Las Antillas y en el Golfo de México.

presión el gobierno federal recomendó evacuar la isla; pero sus tercos pobladores lo soportaron todo, sobreviviendo a base de una dieta de *grits y grunts* (papilla de maíz y hemulón).

La colonización de Los Cayos comenzó realmente en 1820, cuando John Simonton le compró Key West al español Juan Salas. Era un lugar conveniente estratégicamente para la Marina de los Estados Unidos, que en ese entonces perseguía a los piratas que se acercaban a sus costas. Por años su situación geográfica los convirtió en puerto natural para los barcos que cargaban mercancía de contrabando entre las aguas del Este, el Golfo de México, el Caribe y Sur América.

Los primeros colonos llegaron de Las Bahamas y de New England y encontraron que gran parte del territorio estaba hecho de roca de coral, y por lo tanto su capa vegetal era poco profunda para el cultivo; así que el mar les brindó también la comida. Los mariscos comprenden el famoso caracol, la tortuga, el cangrejo, el alción, la langosta y el cangrejo de agua dulce. Los primeros colonos, o *Conchs,* complementaron su dieta escasa en vegetales con aguacates, bananos, piñas, cocos, higos, dátiles, naranjas, tamarindos, guayabas y mangos, de los árboles que ellos mismos plantaron en Key West.

Cuando a fines del siglo XVIII los cubanos se rebelaron en contra del colonialismo español, llegó a Key West una gran migración a través del Estrecho de La Florida. Fábricas enteras de tabaco se trasladaron de Cuba, encendiendo un auge en la industria del cigarrillo que la convirtió en la ciudad de más alto ingreso per cápita de la nación.

Casi un siglo antes de que los exiliados cubanos transformaran a Miami, Key West se convirtió en una verdadera ciudad cubana, donde se elegían inmigrantes cubanos a la legislatura del Estado y al sistema judicial. Con la cultura cubana llegó la comida cubana. El buche, o café cubano espeso y dulce servido en pocillo pequeño, es todavía uno de los alimentos básicos de la isla. Los sorbetes son otra delicia de la isla y para prepararlos, los nativos licuaban frutas locales como la papaya, el mango, la guayaba y el coco décadas antes de que llegara la locura del helado gourmet.

El plato más famoso de las islas es el pastel de limón. Se prepara con limones mexicanos de cáscara delgada amarilla, de sabor y aroma únicos. Su zumo es también el ingrediente básico para la marinada especial de Key West llamada Old Sour.

Los Cayos gozan de multitud de restaurantes elegantes donde sus chefs mantienen las tradiciones culinarias inspiradas en el mar y en las culturas que se han mezclado sobre sus islas.

El apogeo de Miami Beach

La gloria del pasado

Por Howard Kleinberg

Miami Beach ha tenido sus días de gloria y sus épocas malas. Los años 50 y 60 se destacan como los tiempos del glamour, la fiesta y el progreso. Fueron dos décadas donde las gentes de Miami veían levantar de un día para otro edificios de hoteles fastuosos como El Algiers, el Di-Lido, el Fontainebleau, el Eden Roc, el Casablanca, el Americana, el Deauville y el Doral Beach, entre otros.

Gentes famosas de la farándula atraían multitudes: Frank Sinatra canturreó delicadamente, Mitzi Gaynor bailó y hasta Sophie Tucker encontró unos cuantos bares para divertirse. Mohammed Ali visitaba, lo mismo que muchas estrellas de Hollywood.

Pero no siempre fue así. El desa-rrollo de Miami fue lento. Poca gente vivía entre sus manglares tejidos en la arena; en 1915 se estableció como pueblo y en los años 20, con el "boom" de la compra y venta de tierras, apareció en el escenario. Hasta mitad del siglo, Miami era un lugar donde tenderse al sol.

Una faceta imperecedera del carácter de la ciudad se forjó en los años 30, cuando una ola de inmigrantes judíos llegó de Nueva York. Limitados por las restricciones de los vendedores de bienes raíces, se asentaron en la parte sur de la ciudad; pero fueron abriéndose camino hacia el norte, llevando manjares como los sánduiches de *corned beef* y *pastrami*, los pepinillos en vinagre y el tónico del Dr. Brown Cel-Ray. Desde Wolfie's en la Calle Veintiuno hasta la Rascal House en las Sunny Isles, residentes y turistas parecían deleitarse al ser maltratados por camareras con acento de Brooklyn que gritaban, *"Yeah, watcha want?"* a medida que tiraban el plato de pepinillos y *sauerkraut* (repollo cocido y marinado) sobre la mesa.

Miami Beach fue adoptada como sitio turístico por muchos norteamericanos durante la Segunda Guerra Mundial, por medio de un promotor inesperado: el ejército. Los hoteles frente al mar debieron ser una alternativa muy placentera para los miles de hombres jóvenes, casi una quinta parte de todos los entrenados en La Aviación, que descargaron sus bolsas de lona en las playas de Miami Beach y que venían acostumbrados a tiendas de campaña levantadas en algún lugar de New Mexico. Al terminar la guerra, muchos veteranos llenaron trenes y aviones y regresaron con sus familias para rememorar su agradable temporada en Miami.

Durante los inviernos, el número de turistas seguía aumentando hasta los años 50, pero su actitud había cambiado. Ya no buscaban simplemente el reposo bajo el sol; querían comer carne y costillas en el Embers o allá en el Parham's, cerca de Surfside, y

El lobby del hotel Astor ha sido remodelado con el máximo esplendor del Arte Deco. Hoy por hoy, el chef Johnny Vinczencz atrae a una selecta clientela con sus "new American barbecue," novedosos asados a la americana, cocina exclusiva del restaurante Astor Place, que se encuentra dentro del mismo hotel.

cenar en el Gatti's al lado de la Bahía, y no les importaba esperar horas para deleitarse con un plato de Joe's Stone Crab. Las fiestas eran interminables tanto en los nuevos y deslumbrantes hoteles como en los moteles vacacionales de más arriba, donde cómicos e instrumentalistas ofrecían un alivio nocturno a los padres quemados de sol que finalmente habían logrado dormir a sus hijos.

Con una cascada de fotografías publicadas por editores masculinos, Miami Beach atraía visitantes a granel. Sus mensajes envolventes, acompañados de las ineludibles fotos de turistas comiendo pastel de queso en la playa, iniciaron una nueva era turística. También los programas televisivos fueron grandes promotores, como el *Arthur Godfrey Time*, a principios de los años 50; una que otra visita al área del *Ed Sullivan Show*, durante uno de los cuales, en 1964, se presentó el increíble espectáculo de Los Beatles por primera vez en los Estados Unidos. El *Jackie Gleason Show*, que comenzó ese mismo año, alegraba los corazones de los miembros de la Cámara de Comercio cuando al comienzo de cada programa se anunciaba orgullosamente, "Desde Miami Beach, la capital de la diversión y el sol."

Un período de decadencia que se ha olvidado comenzó en 1970, sin embargo, Miami Beach es una franja de tierra a donde todos quieren ir. Hoy por hoy, es un lugar residencial para la clase acomodada. Grandes figuras del espectáculo como Oprah Winfrey y la cantante Gloria Estefan tienen casas allí. Las estrellas de Hollywood también han regresado, hubicándose esta vez cerca de South Beach.

Renovación y renacimiento del South Beach

El Arte Deco se renueva

Por Howard Kleinberg

En las noches, los restaurantes y titilantes lugares de entretenimiento del distrito del Arte Deco de Miami atraen a los famosos y a los curiosos. Durante el día, fotógrafos del mundo de la moda se pasean por las calles y acomodan sus cámaras frente a sus modelos de figuras y vestidos angulosos. Sus fotografías con un fondo adornado de angostos edificios de colores pasteles del Arte Deco, se exhíben luego en las cubiertas de las revistas de turismo y de modas de todo el mundo.

Sin embargo, no hace mucho que South Beach o SoBe, el distrito de Miami Beach al sur de la Calle Veinte, era un lugar abandonado; lo formaba una colección de almacenes desocupados y de hoteles desgastados en cuyos balcones se sentaban los pensionados a mirar hacia Ocean Drive. Era uno de esos distritos que parecía no tener arreglo.

La restauración de South Beach se logró gracias a la pasión inflexible de diseñadores de moda empeñados en preservar la zona y a la ambición y osadía de algunos inversionistas. Estos dos factores repercutieron enormemente en devolverle a Miami Beach un poco de su época de gloria y del auge de los años 50 y 60.

Los hermosos hoteles restaurados que hoy lucen colores pasteles tuvieron su origen en los edificios pintados de blanco tiza de estilos variados, como los denominados Zig Zag, Aerodinámicos y Modernos Bajo-nivel. Los arquitectos de esta época trabajaban con la línea de Arte Deco Clásico, una escuela de diseño que combinaba las formas floridas del Arte Nouveau y los motivos egipcios mezclados con las formas y patrones geométricos del Cubismo para crear una forma representativa de los ideales de la era mecánica.

En Miami se transformó radicalmente el Arte Deco Clásico cuando estos arquitectos renovadores incorporaron en sus diseños motivos quiméricos tropicales, los cuales se pueden apreciar en detalles ornamentales como los párpados de concreto que protegen del sol a las ventanas del Hotel Astor, las ventanas en forma de escotillas del Tides, los caballitos de mar y pescados tropicales en relieve que adornan graciosamente la fachada del Marlin y los medallones octagonales de concreto que forman una banda en lo alto de la amplia entrada del Delano y cuyo patrón se repite en colores pasteles en los mosaicos del piso de terrazo.

Esta increíble restauración ha atraído a visitantes ricos y famosos, figuras del espectáculo y lo más selecto del mundo de la moda, no sólo de Hollywood y del resto de los Estados Unidos, sino de Europa y Sur América. Una vez más, Miami está en su apogeo.

Lado opuesto:
"South Beach",
pintura de
Alexander Chen.

Los cubanos de Miami

Al frente de la revolución culinaria

Por Maricel Presilla

Llegaron por mar y aire en desgastados aviones de alquiler y en balsas construídas con sus propias manos; fueron transformando a Miami en una ciudad vibrante de profundas raíces latinas, porque los cubanos son tenaces como los mismos tubérculos que cocinan, y se paran firmes en sus convicciones.

La primera gran oleada de inmigrantes cubanos se asentó en el deteriorado centro de la ciudad, entre las calles Flagler y Ocho, lugar conocido desde principios de los años 60 como la Pequeña Habana. Poco a poco se fueron desplazando hacia Hialeah, Coral Gables, Key Biscayne y otras áreas más prósperas. Hoy en día muchos residen al este de la renovada Miami Beach.

Los cubanos compran su comida en El palacio de los jugos.

Los lazos entre La Florida y Cuba vienen desde 1868, cuando inmigrantes y exiliados transformaron el soñoliento Key West en una próspera enclave cubana hecha de fábricas de tabaco, clubes sociales, periódicos, restaurantes, cafeterías y escuelas. Key West también se convirtió en un lugar de gran intercambio comercial entre Cuba y los Estados Unidos. Ya en los años 20, el comerciante Charles Brooks estaba importando cítricos y aguacates de Cuba, y desde Key West los envíaba en tren al norte. Cuando en 1935 un terrible huracán destruyó la carrilera, Brooks plantó los cítricos y los aguacates más al norte, en Homestead. Luego su nieto J. R. fundó Brooks Tropicals, la comercializadora más grande de productos tropicales de La Florida.

Un cuarto de siglo después, inmigrantes cubanos plantaron los bosques de Homestead de tubérculos tropicales como la yuca, el boniato dulce y la melenuda malanga, así como también de plátano y otras frutas. Las plantaciones de los deliciosos mameyes eran protegidas por cercas de alambre de púas y perros guardianes, como si la dura cáscara café y la pulpa salmón escondiéran pepitas de oro.

Entre la ola de inmigrantes cubanos destacados está Homero Capote, un agricultor de gran conocimiento y dedicación, quien se convirtió en un emblema de la revolución culinaria. Capote comenzó trabajando en el campo, pero pronto alquiló su propio terreno y probó sembrar las semillas de maíz y de malanga que su padre le enviaba. Su arduo trabajo lo ha llevado a ser el propietario de un gran negocio de tubérculos tropicales, pilar que sostiene la cocina latinoamericana en este país y que provee de los ingredientes básicos a algunos de sus mejores chefs.

Durante los años 60, el aire monótono y tranquilo del centro de Miami dió paso a un ambiente bullicioso, lleno de bodegas y restaurantes donde se servían humeantes frijoles negros, jugoso cerdo asado y yuca fresca en mojo. Los puestos de jugos vendían batidos de toda clase de frutas exóticas y las panaderías cubanas horneaban pasteles de guayaba, además de los enormes bizcochos de "Quince", para las grandiosas fiestas de las jovencitas.

Los fines de semana, las familias cubanas salían a pasear a Key Biscayne con sus hornillas al hombro. Se paseaban a lo largo de las tranquilas playas de Cape Florida, llenando el aire con su hablar apresurado y con la música de la radio latina. Mientras los niños nadaban, los adultos preparaban el asado a la sombra de los pinos y el tentador aroma de la carne y los frijoles con arroz impregnaban las antiguas piedras del faro.

Los cubanos burgueses de la época visitaban dos clases de establecimientos para comer: los primeros eran los espaciosos y adornados restaurantes que les recordaban su raíces españolas y los elementos mediterráneos de su cocina; los otros eran las pequeñas cafeterías que visitaban en la noche para comer sánduiches con caféconleche, o durante el día para tomar café negro con los amigos.

Los cubanos de Miami se parecen al café que toman; son de carácter fuerte, intenso y apasionado; se acogen a su nueva patria con la misma devoción con la que se aferran a su Cuba natal. Esta paradoja es lo que ha transformado a Miami en una ciudad híbrida, donde se encuentran los más devotos miamenses entre los nostálgicos abuelos que juegan al dominó en la Calle Ocho.

Cada nueva ola de inmigrantes recobra la cubanidad perdida por las generaciones anteriores. En 1980, cuando Castro desembarcó 125.000 cubanos en el sur de La Florida, comenzaron a aparecer de nuevo mercados con apariencia de rincones de Cuba, como los puestos callejeros de frutas y la gente sentada en bancos de madera saboreando el agua de coco. El más popular de estos lugares es El palacio de los jugos, lugar por excelencia que tanto los escritores que se especializan en comida como los turistas quieren visitar.

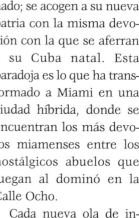

Algunas de las delicias cubanas se encuentran en los pequeños e interesantes cafés de La Española Way y sus alrededores.

americanos han construído el puente a Miami sobre sueños desbaratados. Al final de este puente, hierve a fuego lento una gran vasija con todos los sabores de la América Latina. Miami es un lugar donde se puede degustar desde las pupusas salvadoreñas hasta el churrasco argentino.

El pueblo de Sweetwater se ha convertido en el corazón de la comunidad nicaragüense; allí se encuentran cafeterías populares donde venden deliciosos pasteles, como también asaderos elegantes donde sirven unas carnes exquisitas. Añadiendo a la gran tradición de comedores cubanos como el Versailles y La Carreta de la Calle Ocho, se encuentran algunos restaurantes de categoría como Yuca y Victor's Café.

Una parte importante de esta cultura renovadora está hecha de la mezcla de la comida y la música. La gente va a los restaurantes buscando su comida favorita, pero también deseando escuchar a los artistas recién llegados de Cuba. Esta es una tradición de antaño, desde cuando la vida nocturna de La Habana trascendía las playas de la isla.

Cada año antes de la Curesma, Miami se llena de alegría con el Carnaval de la Calle Ocho. Es un festival patrocinado por el Club Kiwanis y con el cual se celebra el cumpleaños de la comunidad. Las calzadas se llenan de kioscos con olor a tamales cubanos y a cerdo asado acompañado de arroz con frijoles, a los cuales se les suma el olor de las arepas colombianas y de los anticuchos peruanos. Por supuesto, no puede faltar la música; el ritmo es contagioso y captura la escencia de aquellos que se mueven fácilmente entre dos culturas para inventarse un son y un baile únicos.

Atraídos por el éxito de los cubanos, otros latinoamericanos comenzaron a llegar y a transformar a Miami en la capital económica y de recreo del mundo latinoamericano. Hoy en día la ciudad sigue atrayendo a muchas figuras de televisión y a cantantes de música pop. En la actualidad, casi el 60 por ciento de los habitantes del área metropolitana (1.1 de los dos millones) son latinoamericanos, y la mitad de éstos son cubanos. La población cubana sigue creciendo porque, al parecer, hasta los cubanos que han hecho su vida en otros estados quieren pasar sus últimos años en Miami.

Así como los cubanos, muchos otros latino-

Salir a comer en Miami

Por Kendall Hamersly

Así como el sur de La Florida es una fusión de culturas, su cocina es una fusión de comidas donde las recetas de todo el mundo se encuentran en un mismo vecindario, en un mismo restaurante y hasta en un mismo plato. A esta fusión de cocinas se le podría llamar *New Florida* o Florida Nueva, sin embargo es algo que no se puede categorizar fácilmente.

En la cúspide de la pirámide culinaria se encuentra el llamado Mango Gang, el cual está conformado exclusivamente por innovadores. Estos inventores de la cocina *New Florida* provienen de diferentes lugares del globo, desde El Caribe y Latinoamérica hasta el Asia y el centro de los Estados Unidos. Las tres figuras prominentes del Mango Gang son Allen Susser, del elegante **Chef Allen's** en Aventura, Norman Van Aken, una nueva estrella nacional del **Norman's** en Coral Gables y Mark Militello, que ha cerrado su primer restaurante **Mark's Place** y ha abierto el deslumbrante y popular **Mark's Las Olas** en las cercanías de Fort Lauderdale.

También se encuentran lugares donde por diez dólares ofrecen deliciosas aventuras culinarias. En la Little Havana está la mayor concentración de restaurantes cubanos de los Estados Unidos; es un lugar en donde por unos precios ínfimos se puede saborear una deliciosa palomilla, tajadas de plátano maduro y frijoles negros con arroz. Un ejemplo espléndido es el **Versailles**, donde entre espejos y candelabros meseros vestidos de smoking usan la más sofisticada etiqueta para servir un plato de ropavieja por la módica suma de seis dólares.

Coral Gables tiene la reputación de tener la mejor cocina de Miami. Entre una mezcla de acogedoras construcciones mediterráneas y de edificios futurísticos, se encuentran docenas de restaurantes de ambiente elegante, los cuales prestan un servicio impecable. Además del Norman's, está el **Giacosa**, quizá el mejor restaurante italiano del área, y **The Heights**, una sucursal de **Pacific Time** de Jonathan Eismann, considerado el estandarte de la mejor cocina asiática en South Beach. Mientras Pacific Time se caracteriza por un

Un mesero del Blue Door listo para atender a su clientela.

La alegría y el escándalo de un restaurante típico del South Beach.

Fue inagurado en Nueva York e importado al sur para seguir ofreciendo sus deliciosos platos como el pargo rojo envuelto en un crujiente caparazón de plátano verde.

En las cercanías del South Miami, Jan Jorgensen y Soren Brendahl en el **Two Chefs Cooking** dan toques mediterráneos a su abundante variedad de platos. **The Grand Café**, el restaurante del Grand Bay Hotel en Coconut Grove, conquista a su célebre clientela con un menú fuera de lo común.

Para mariscos en Coral Gables, el lugar favorito del momento es el **Red Fish Grill**, el cual fue originalmente una casa de playa sobre la Old Cutler Road. No se necesita sino estar allí en una noche fresca de primavera, cenando lobina de mar cocida delicadamente en su jugo, para sentirse como uno de los flamantes personajes de Hemingway. En el exclusivo **Deering Bay Yacht & Country Club**, el pescado acompañado de productos tropicales hace aun más apetitoso el menú del conocido chef Paul Gjertson. A lo largo de la carretera US 1 se encuentra el **Captain Tavern**, que es el mejor restaurante familiar especializado en frutos de mar; allí se sirve desde el simple pescado frito hasta los más sofisticados platos de mariscos. También sobre la ruta US 1, cerca de la Universidad de Miami, está el **Fishbone Grille**, donde el chef David Brancha sirve un delicioso cola amarilla entero al estilo bahamés, acompañado de gandules, arroz y una vinagreta picante.

La comida de mar más variada del sur de La Florida se encuentra en Los Cayos. En su longitud de tres millas, Islamorada tiene casi treinta restaurantes. En la pintoresca **Morada Bay**, el chef Alex

menú orientado a los mariscos, The Heights ofrece una variedad de platos más fuertes que deleitan el gusto popular de los norteamericanos.

Si lo que se busca es comida casera, **Biscayne Miracle Mile** es uno de los comedores más populares de Gables; es una especie de cafetería donde se especializan en la comida sureña *soul food*. No hay ensalada comparable a la ensalada de berza que vale 85 centavos en el Mile, que no es buena sólamente por su precio, sino también por su inigualable sabor. Otro de los mejores sitios se llama **Victor's Café**.

El restaurante Astor Place del hotel Astor se caracteriza por su estilo informal.

Kaulbach mezcla pedazos de atún con frijoles negros y piña para preparar una salsa tailandesa de maní. En **Atlantic's Edge**, el chef Dawn Sieber hornea delfín envuelto en hojaldre con espinacas, y cocina los sabrosos camarones naranja en ron. Para los amantes del pescado, el **Islamorada Fish Co.** ofrece especialidades como la cazuela de caracol y las croquetas de cangrejo, además del pescado fresco servido en canasta con ensalada de coles y papas fritas que cuesta menos de diez dólares. En el **Louie's Backyard** de Key West, el chef Doug

Shook le ha seguido los pasos al ilustre Norman Van Aken, quien le diera originalmente nombre al Louie's en los años 80 y lo pusiera en la lista de los restaurantes exclusivos de Los Cayos.

En Aventura, la comida refinada comienza a ser parte del diario vivir. Allí se encuentra **Fish**, un lugar con un ambiente marino comparado al de las aventuras de Julio Verne y donde sirven unas entradas tan elegantes como lobina de mar con cremosos puerros, lentejas a la francesa y champiñones silvestres. En el exclusivo **Turnberry Isle Resort & Club** el chef Todd Weisz atiende a su selecta clientela con un incomparable gazpacho *Floribbean*.

En la llamada American Riviera, la renovación del Arte Deco causó una revolución en la industria turística, la vida nocturna y la cocina. La playa tiene la reputación de tener precios altos y mal servicio, pero no se puede negar que es un lugar refinado de gran encanto. Por ejemplo, en el resplandecientemente blanco hotel The Delano queda el restaurante **Blue Door**, un lugar bullicioso que se mantiene lleno, donde la gente va para ver y que la vean, y donde no es raro sentarse junto a Calvin Klein o Madonna. Su competencia queda bastante cerca, sobre la explosiva avenida Collins; es el hotel The National. Renovado e inaugurado con gran pompa, The National se precia de su restaurante **Oval Room**, en el cual se ofrece uno de los menús más sofisticados de la ciudad. El área de Ocean Drive parece estar al márgen de la revolución SoBe. Es un sector conocido por la farra más que por la comida, con la excepción del elegante **Twelve Twenty**, el restaurante del hotel Tides a cargo del chef Christopher Gerard. Sobre la avenida Washington, el **Astor Place** del chef Johnny Vinczencz quizá sea el que sirve la mejor variedad de comida en la playa, con un menú que incluye desde la sopa caribeña de mariscos hasta una entrada de *sushi* frío. Las recetas del chef Vinczencz también se pueden saborear en **Johnny V's Kitchen**. Hacia el sur de la avenida Washington está **China Grill**, una sucursal del conocido restaurante de Nueva York que lleva su mismo nombre. Es un lugar costoso pero de excelente calidad, y la espera por una mesa puede ser larga.

A sólo unas cuadras está el **Nemo**, uno de los mejores restaurantes del área, donde el equipo del chef Schwartz-Chefetz combina el pescado con vegetales verdes exóticos y le añade condimento vietnamita a un exelente filete. Al cruzar la calle está el **Big Pink**, donde la diferencia no es sólo en precios; en platos de plástico se sirve un menú parecido al *TV dinner*, pero es hecho allí mismo y es bueno.

Al norte de la Calle Quinta, la avenida Washington se ha convertido en un sector de clubes nocturnos y de almacenes de ropa, pero aún queda allí el mejor restaurante italiano, llamado **Ostería del Teatro**. La gran mayoría de los restaurantes sofisticados se han ido moviendo hacia la recién renovada Lincoln Road, un centro comercial para peatones que le ha dado a la isla un aire de bahía.

Rosinella es una pequeña trattoria sobre la East End que ofrece una excelente variedad de pasta fresca, salsas y sopas y en la que por veinte dólares se come una comida fantástica. La **Trattoria da Leo** ofrece un menú similar y una decoración tan sorprendente y sofisticada como su clientela. Allí se come la mejor ensalada del mundo.

La invasión inglesa de Lincoln Road comenzó con Michael Caine y su **South Beach Brasserie** y continuó con **Balan's**, que pertenece a una cadena de restaurantes londinenses caracterizados por su talento para combinar los últimos estilos culinarios internacionales, todos a un precio muy cómodo. La picante comida jamaiquina, adaptada al sabor continental, se encuentra a disposición en el **Norma's on the Beach**, donde la chef Cindy Hutson importa muchos de sus ingredientes de la isla. La más sofisticada comida cubana se sirve en el **Yuca**, que queda cerca del teatro Lincoln y donde en las tardes sabatinas de concierto los clientes se sientan a tomar caféconleche y a escuchar la radiodifusión de la música.

¿Será esto una sinfonía de sabores? Llamémoslo más bien una verdadera fusión. ¡Y que viva!

En el Bigfish Mayaimi, situado sobre el río Miami, se ofrece un menú selecto de frutos de mar acompañado por una luminiscente colección de arte.

Parte segunda: La cocina de Miami

La esplendorosamente cambiante comida de Miami es el resultado de una colección de utensilios sencillos, técnicas fáciles y una extensa gama de sabores locales e internacionales

Para preparar las comidas de Miami y Los Cayos no se necesita un gran despliegue de utensilios sofisticados; una olla grande, sartenes y cazuelas; una freidora puede ser bastante útil, pero en caso de no tenerla, una olla honda o un sartén pesado pueden hacer sus veces.

Es importante tener un mazo de cabo largo o un triturador para abrir las duras caparazones de los mariscos y un cascapiñones dentado de seis a ocho pulgadas de largo. Otro utensilio que se utiliza con frecuencia es el tenedor de langosta, que sirve para extraer la delicada carne.

Como el zumo de los cítricos es muy usado en las recetas de Miami, una exprimidora eléctrica o una presa facilitan la labor culinaria. Para sacarle el zumo a la fruta sin que la pulpa se desprenda, se punza un extremo del limón con un tenedor y luego se punza la pulpa varias veces para separar sus segmentos; luego se sostiene el mango del tenedor en una mano y con la otra se exprime el zumo sobre una vasija.

A la gente de La Florida le gusta cocinar al aire libre, a la brasa o a la plancha sobre el carbón; en las recetas siguientes se pueden substituír por el horno. Los utensilios tradicionales para el asado son las paletas de mango largo, los tenedores, las espátulas para voltear la comida, un cepillo para condimentar y otro de cerdas metálicas para limpiar el asador. Los palillos de metal o de madera se usan para ensartar la comida y voltearla fácilmente y para que no se caiga por los espacios de la parrilla.

En la cocina de Miami y Los Cayos se usan muchos ingredientes comunes, así como otros más exóticos, herencia de su tradición internacional. Para información de los expendios y mercados de alimentos frescos se puede llamar al 1-800-526-2778.

ACHIOTE: Este condimento con sabor a almizcle de color rojo obscuro, llamado también annatto, le da un color amarillo y un sabor sutil a las comidas caribeñas. Las semillas son usadas enteras para darle sabor a los aceites, y en polvo se llama **bijol**. Se le llama también el azafrán de los pobres, aunque su sabor fuerte es muy distinto. Se encuentra en mercados donde venden productos latinoamericanos.

ADOBO DE LA BAHÍA: *Old Bay Seasoning* es el nombre de marca de un aliño hecho con varias especias que se utiliza para condimentar mariscos en su caparazón y las aves. Está hecho de sal de apio, mostaza en polvo, paprika y otros sabores.

BANANO Y HOJAS DE LA PALMA DEL BANANO: Todas las variedades de banano son de-

Calabaza

Chayote

Chorizo

liciosas, desde los pequeños llamados bocadillos hasta los bananos de la China o *cavandish*. En algunos mercados latinoamericanos se encuentran las hojas de la palma del banano, que se usan para envolver la comida o para poner un tendido en la bandeja sobre la que se va a hornear el pan cubano.

CALABAZA: La calabaza cubana o de la India, es de cáscara dura, de pulpa densa y amarillosa y de un sabor similar al de la calabaza *hubbar*. Puede tener forma de pera o puede ser redonda y de color naranja y verde o a rayas. Como es tan grande, se venden los pedazos envueltos en plástico. Se puede substituír por los famosos *pumpkins*.

CANGREJO: O *stone crab*, es altamente apreciado en el sur de La Florida, donde parece prosperar. Tiene unas tenazas hacia atrás, las cuales son las únicas partes comestibles del crustáceo, y una densa caparazón. Se pueden pescar desde mediados de octubre hasta mediados de mayo y también hay restricciones en cuanto a su tamaño. La ley especifica que solamente se pueden cortar las dos tenazas grandes del cangrejo y que vivo se debe echar al mar de nuevo para que le salgan tenazas otra vez.

CAÑASANTA: Llamada en inglés *lemongrass*, es una hierba con fragancia a limón que se parece al puerro pero en miniatura y que se usa entera o picada como parte de una mezcla para condimentar platos de inspiración asiática. Antes de picarla se debe cortar la raíz y las ramas exteriores. Se debe usar solamente la parte más tierna, que mide cerca de 4 pulgadas.

CARACOL: O *conch*, es un molusco con una caparazón que puede medir de nueve a doce pulgadas de diámetro. Este hermoso caparazón tiene forma de espiral con visos desde el amarillo hasta el rosado. Se dice que los pescadores los usan como trompeta y que cuando se sostiene cerca del oído, se puede escuchar el mar. La carne dentro de la concha se considera un manjar. Antes de usarse se debe ablandar con un mazo. Se puede sustituír por la oreja de mar. El término *conch* se usa también para designar a las personas nacidas en La Florida o Los Cayos.

CARAMBOLA: Es una deliciosa fruta tropical, amarilla-dorada y semitransparente, con una delgada cáscara comestible de textura cerosa y un interior amarillo, delicado y jugoso. Su forma ovalada tiene hendiduras prominentes y cuando se le hace un corte transversal tiene la forma de una estrella. Se come cruda.

CHAYOTE: Es una calabaza tropical monosperma, de color verde pálido y de cáscara comestible. Es un producto originario de la América Central y se le conoce con diferentes nombres como *mirliton*, *christophene* y pera vegetal.

CHORIZO: Es una salchicha muy aliñada y picante, de carne de cerdo molida toscamente que se utiliza en la comida española, mexicana y caribeña.

CÍTRICOS: La Florida es uno de los grandes productores de frutas cítricas del mundo; los cítricos se cultivan tanto en grandes plantaciones como en las huertas caseras. Existe una gran variedad de ellos: la naranja, la naranja grey, la lima, el limón y la mandarina; otros más exóticos son el kumquat, el tangelo, el pomelo y las

Guayaba

calamondins. Los cítricos se deben escoger por su peso y no por su color; cuanto más pesados, más jugosos.

COCO: Es el fruto de la palma de coco, grande y redondo, de cáscara dura cubierta de peluza. La pulpa dentro de su corteza es blanca. Cuando vaya a comprar uno, agítelo para asegurarse de que tiene líquido adentro. Para preparar la leche de coco se licúa la pulpa dulce y blanca con agua y luego se cuela. Se consigue también ya preparada y enlatada.

GRITS: Es una especie de papilla de maíz, especialidad del sur de los Estados Unidos, hecha de granos de maíz seco trillado y molido. Se hierven para formar una masa gruesa parecida a la polenta, pero de textura más tosca. Sirve para el desayuno o como acompañamiento.

GUAYABA: La guayaba es una fruta redonda de dos a tres pulgadas de diámetro, con una cáscara delgada comestible que varía entre verde y amarilla y a veces se torna roja cuando está madura. Su pulpa suave y dulce puede ser blanca, amarilla o rosada y contiene unas semillas blancas pequeñas. Sus semillas arenosas se pueden apartar pasando la pulpa por un colador o sedazo. Algunos comparan su sabor al de las fresas. Se pueden comer crudas o cocidas; comúnmente se usan para hacer mermelada o bocadillos. También se usan como base para caramelos y flanes. Se pueden comprar frescas, enlatadas en pasta, en dulce o mermelada.

LANGOSTA DE LA FLORIDA: Tiene su carne en la cola y carece de las tenazas frontales y pinzudas de su familiar de New England. Su carne es dulce y de un blanco nieve, y la cola se vende usualmente congelada. Como son crustáceos escasos, su pesca es restringida en cantidad y en tamaño. Es la misma que se conoce como *rock lobster*, *langouste* en Francia y *aragosta* en Italia.

LIMÓN DE LOS CAYOS: Los habitantes de Los Cayos se enorgullecen de su limón exclusivo, que se cultiva solamente en Los Cayos de La Florida. Es más pequeño que el llamado limón de Persia y tiene una cáscara amarilla verdosa. Su jugo se utiliza para preparar el famoso pastel de limón de Los Cayos. Se conoce como limón mexicano, de Las Indias o limón verdadero. Para sustituírlo en una receta, por cada tres limones de Los Cayos se utiliza un limón común.

LICHI: Es una fruta ovalada, pequeña y parecida a una nuez, cubierta por una corteza gruesa y dura que guarda una pulpa blanca y una sola semilla grande. Se pueden comprar frescas o enlatadas.

MANGO: Es una de las frutas favoritas en La Florida. Cuando está verde es de color verde y cuando está madura varía de color desde el verde amarilloso hasta el rojo. Su pulpa se utiliza en postres, bebidas y helados. Para sacar la pulpa se pela y separa de la semilla fibrosa. El mango verde se utiliza para salsas y aperitivos.

MARACUYA: Es una fruta de color café-morado y con una corteza rugosa que contiene una pulpa amarilla con un sabor especial entre limón, piña y guayaba. Se sabe que la fruta está madura cuando al agitarse su jugo suena como un chapuceo. Se llama *passion fruit* en inglés.

NARANJA AGRIA: Conocida también como naranja amarga, o naranaja sevillana, fue traída

Palmitos

Limón de Los Cayos

Papaya

Maracuya

Plátano

Carambola

Cangrejo

Yuca

a La Florida por los exploradores españoles y diseminada por los caminantes nativos americanos; es quizá por este motivo que en La Florida estas naranjas crecen como la maleza. Su apariencia es la misma que la de las naranjas comunes, pero su jugo es agrio y se utiliza para marinar o preparar mermelada. Para sustituírla (malamente), se pueden mezclar los jugos de un limón y de una lima con un poco de naranja dulce.

PALMITOS: A este exquisito bocado los de La Florida le llaman *swamp cabbage*. Son el corazón tierno de la palma Sabal y se comen crudos o cocidos, en ensaladas o como vegetal. Como la palma se tiene que cortar para sacarle el corazón a su tronco, es preciso obtener un permiso especial del estado para para poder cosecharlos. Después de cortar la palma, se cortan las capas fibrosas de la cubierta para extraer su delicado corazón. Cuando se comen frescos, son crocantes y su sabor es dulce; los palmitos enlatados tienen una consistencia más suave.

PAPAYA: Conocida también como *paw-paw,* es una fruta parecida al melón con una cáscara suave y fina que va desde el naranja intenso hasta el verde. Fresca se come partida a la mitad con jugo de limón; también se utiliza en conservas, postres y en ensaladas. Cuando está verde se prepara como vegetal y se usa para hacer salsas y aperitivos. Las sabrosas, pequeñas y redondas semillas de color negro grisáceo son comestibles y se usan como aderezo.

PLÁTANO: Este almidonoso vegetal no se puede comer crudo, pero se usa en la cocina en todas sus fases de maduración. Tiene un sabor suave y se sirve como sustituto de la papa. Los plátanos se maduran facilmente y se vuelven amarillos en una semana a temperatura ambiente, y para que estén completamente maduros y su cáscara se torne negra, se demoran otra semana.

TAMARINDO: Las vainas del árbol de tamarindo contienen semillas cubiertas por una pulpa carnosa que les añade un sabor frutoso ácido a algunos platos inspirados en la cocina asiática y caribeña. El tamarindo se compra usulmente en bloques de pulpa con las semillas y la fibra. La pulpa se debe remojar en agua y colar antes de usarse. El tamarindo líquido enlatado se puede conseguir en las tiendas de productos indios.

YUCA: Es un tubérculo tropical conocido también como cassava o manioca. La cáscara es de una consistencia parecida a la corteza de un árbol y tiene una pulpa dura, blanca y almidonosa. Hay dos variedades de yuca, una dulce y otra amarga. La amarga puede ser venenosa sin cocinar, y se dice que los indios Arauacos se la comían cruda para suicidarse antes que dejarse atrapar por las intrusas tropas españolas. Normalmente se cocina y luego se fríe para preparar croquetas o estofados, o se hierve simplemente y se sirve como vegetal almidonoso. Se puede sustituir con la papa o el ñame.

Parte tercera: Las recetas

Recetas Básicas

Adobo

Carmen González

2 dientes de ajo picados menudo
$3^1/_4$ cucharaditas de sal
2 cuacharaditas de aceite de oliva extra virgen
1 cuacharadita de vinagre blanco

En una vasija se mezclan bien los ingredientes.

Mojo

Norman Van Aken del Norman's

6 dientes de ajo picados menudo
1 pimiento scotch bonnet (ají) envasado sin semillas (o un pimiento fresco picante sin semillas)
$1/_2$ cucharadita de sal
2 cucharaditas de comino tostado
1 taza de aceite de oliva puro
$2^1/_2$ cucharadas de jugo de naranja
$2^1/_2$ cucharadas de jugo de limón de cáscara amarilla
2 cucharaditas de vinagre de jerez español
Sal y pimienta al gusto

En una licuadora o con un mortero, se licúan el ajo, el pimiento, la sal y el comino hasta formar una pasta suave. Se calienta el aceite de oliva y se vierte en la mezcla. Se deja reposar 10 minutos y luego se mezcla con movimientos rápidos con el jugo de los cítricos y el vinagre y se sazona con sal y pimienta. Cuando esté frío se unta sobre la carne. Rinde $1^1/_3$ tazas.

Sofrito

Carmen González

2 cebollas españolas, peladas y partidas en cuartos
2 pimientos Cubanelle sin semillas
2 dientes de ajo pelados
1 taza de hojas de cilantro
3 cucharadas de aceitunas verdes rellenas con pimentón

En una licuadora se hace un puré con todos los ingredientes.

Cubierta de los siete minutos

$1^1/_2$ tazas de azúcar
2 claras de huevo
$1/_4$ cucharadita de cremor tártaro
5 cucharadas de agua fría
1 cucharadita de miel de maíz (dietética)
1 cucharadita de extracto de coco

Se colocan los ingredientes en una olla al baño María y con una batidora eléctrica se baten por 7 minutos o hasta que estén a punto de nieve. Se bajan del fuego y se sigue batiendo por 10 minutos más a alta velocidad hasta que la mezcla adquiera una consistencia esponjosa fácil de esparcir. Se cubre la superficie de la torta inmediatamente. Cubre una torta de 9 pulgadas y 3 divisiones.

PATAS DE CANGREJO STONE
Y CROQUETAS DE CANGREJO DORADO

PATAS DE CANGREJO STONE

Cuando están en estación, las patas de cangrejo son muy populares en La Florida. Casi siempre se comen frías, y algunos untan la carne tierna en mantequilla derretida, aunque la salsa tradicional para este platillo es la de mostaza. Las patas las venden siempre precocidas.

Salsa de mostaza
- 1 taza de mayonesa
- 2 cucharadas de mostaza en polvo
- 2 cucharaditas de salsa *Worcestershire*
- 1 cucharadita de salsa de carne
- 2 cucharadas de crema de leche dietética
- $^1/_8$ de cucharadita de sal
- 2 libras de patas de cangrejo, cocinadas, refrigeradas y fuera del caparazón

En una licuadora o con una batidora se mezclan todos los ingredientes de la salsa exceptuando la crema de leche. La crema se añade poco a poco, rebajando la velocidad de la batidora, hasta que la mezcla esté espesa. Se cubre con un plástico y se refrigera hasta que se vaya a usar.

Sobre 4 o 6 platos grandes se dividen las patas de cangrejo y la salsa se sirve en una salsera aparte. Rinde de 4 a 6 porciones.

CROQUETAS DE CANGREJO DORADO

Estas croquetas son fantásticas porque el sabor de la carne dulce del cangrejo se acentúa en esta receta. Sólo hay que descongelarlas y sofreírlas justo antes de servirlas. Se pueden acompañar con **Salsa de limón de Los Cayos y mostaza** (página 38).

- 1 libra de carne de cangrejo dorado (se puede sustituír con la carne de otro tipo de cangrejo)
- 1 yema de huevo batida
- 3 cebolletas cortadas menudo
- 1/3 de taza de perejil italiano picado menudo
- 1 cucharada de mayonesa
- 1 cucharada de mostaza tipo Dijon
- 1 cucharada de zumo de limón natural
- Salsa *Worcestershire* al gusto
- Sal y pimienta molida en casa
- $^1/_3$ de lonja de pan blanco sin los bordes (como 6 tajadas)
- Aceite vegetal para freír

Se les quitan los caparazones y los cartílagos a los cangrejos, se escurre bien el agua de la carne y se mezcla con los demás ingredientes, menos el pan y el aceite. Se revuelven bien. En una licuadora se desmenuza el pan en pedazos pequeños, se echan a la mezcla de cangrejo y se revuelven hasta formar una masa. Se arman las croquetas y se refrigeran. Se doran a fuego medio en una pulgada de aceite 5 minutos por cada lado. Rinde de 6 a 7 croquetas.

CAMARONES PICANTES CON PIÑA AL RON

Doug Shook del Louie's Backyard

Los camarones son muy populares en La Florida. Como aperitivo o como plato fuerte, siempre serán los preferidos. Tanto los camarones como la salsa picante se pueden preparar con anticipación. La pasta china de chili se debe agregar gradualmente hasta que se adquiera el picante deseado. La Piña al ron es un contraste refrescante para este platillo. Se utiliza la piña dorada por su gusto exquisito, pero se puede sustituír por cualquiera otra.

Camarones

    1 cebolla picada en trozos
    4 tallos de apio picados en trozos
    2 zanahorias en rodajas
    2 hojas de laurel
    2 cucharadas de pimienta negra en grano
    2 libras de camarones sin pelar
        (de 16 a 20 unidades)

Salsa picante

    3 cucharadas de pasta china de chili con ajo
    3 cucharadas de azúcar moreno
    3 cucharadas de vinagre de arroz
    3 cucharadas de aceite de ajonjolí
    2 cucharaditas de aceite de soya
    2 cucharaditas de semillas blancas de ajonjolí
        tostadas
    $\frac{1}{2}$ taza de pimentón rojo o verde picado
    3 cucharadas de cilantro picado

Piña al ron

    2 cucharadas de zumo de limón de cáscara
        amarilla
    2 cucharadas de zumo de limón
    2 cucharadas de zumo de naranja
    2 cucharadas de ron oscuro
    2 cucharadas de *falernum* (crema de la India
        que se encuentra en las tiendas de licores)
    $\frac{1}{2}$ cucharadita de nuez moscada rayada en casa
    1 piña (de la variedad dorada preferiblemente)

Para preparar los **camarones**, se hierven todos los ingredientes excepto los camarones en un galón de agua y se dejan hervir 10 minutos. Se echan los camarones y se cocinan hasta que estén rosados; luego se hierven 5 minutos más. Se cuelan y se refrigeran. Se pelan y se les quitan las venitas, conservando las colas intactas. En un recipiente no reactivo se mezclan los ingredientes de la **salsa picante**, se vierte sobre los camarones y se dejan marinar.

Para la **piña**, se mezclan los cítricos con el ron, el *falernum* y la nuez moscada. Se pela la piña y se divide en 4 y cada cuarto en 4 a 6 triángulos; éstos se echan en la mezcla de ron una hora antes de servir y se refrigeran.

Para servir, se colocan los camarones en el centro de una vasija, se cuela la piña y se pone alrededor de los camarones. Rinde de 4 a 6 porciones.

Sugerencia: Para darle una presentación más llamativa, se cortan los bordes de los triángulos de piña en forma de zigzag.

MARISCOS MARGARITA

Johnny Vinczencz del Astor Place y de Johnny V's Kitchen

Salsa de pescado ahumado

10 onzas de llampuga ahumada (*mahimahi*)
u otro pescado blanco y vedijoso
5 onzas de queso crema
1 pimiento chipotle
1 tallo de apio
$^{1}/_{2}$ cebolla blanca pequeña
Sal y pimienta al gusto

Coctel de camarones

12 camarones grandes (de los de 15 por libra)
1 zanahoria en rodajas de una pulgada
1 tallo de apio en trozos de pulgada
$^{1}/_{2}$ cebolla española cortada en rodajas de una
pulgada

Pesto de las tres hierbas

$^{1}/_{3}$ de taza de albahaca
1 cucharada de hojas de tomillo fresco
$^{1}/_{4}$ de taza de hojas de cilantro
$^{3}/_{4}$ de taza de aceite vegetal
$^{1}/_{4}$ de cucharadita de pimienta negra

Vinagreta de chipotle y limón

$^{1}/_{4}$ de taza de hojas de cilantro
1 pimiento chipotle
1 diente de ajo
el zumo de 2 limones de cáscara amarilla
$^{3}/_{4}$ de taza de aceite vegetal
2 cucharadas de miel de abejas
$^{1}/_{4}$ de taza de vinagre de vino rojo
$^{1}/_{2}$ cucharadita de pimienta negra
$^{1}/_{2}$ cucharadita de sal

2 colas de langosta de Maine precocidas y
cortadas en mitades
4 patas de langosta de Maine fuera de su
caparazón
4 onzas de carne de cangrejo rey
Chili rojo en polvo
2 tazas de hojas verdes de ensalada mesclun
4 saltinas de papa (página 136)
8 hojas de cebolleta para untar la salsa
Aderezo: *baby frisée* o endivias crespas

Se licúan los ingredientes de la **salsa de pescado** menos la sal y la pimienta; cuando se forme una pasta suave se agregan la sal y la pimienta. Con 12 palillos de bambú o espetones se atraviesan los camarones a lo largo para que no se enrosquen. En una olla grande, se hierven las verduras en 4 tazas de agua. Se echan los camarones y se cocinan durante 4 minutos. Se enfrían en agua helada. Para preparar el **pesto** se licúan los ingredientes hasta formar una pasta suave que se esparce sobre los camarones y la langosta. Se licúan los ingredientes de la **vinagreta** menos el aceite. Con la licuadora prendida se vierte despacio el aceite hasta formar una pasta suave. Para servir, se remojan en agua los bordes de 4 vasos de margarita y se pasan por chili en polvo. Se echa $^{1}/_{2}$ taza de ensalada verde en el fondo de cada vaso y se meten 3 camarones, $^{1}/_{2}$ cola de langosta, una pata y una onza de carne de cangrejo. Se vierte $^{1}/_{4}$ de taza de salsa de pescado, se rocía la vinagreta sobre los mariscos y se adorna con la saltina sobre la salsa, cebolletas y *baby frisée*. Rinde 4 porciones.

CROQUETAS DE CARACOL

Dawn Sieber del Cheeca Lodge

Tanto las croquetas de caracol como la salsa de limón de cáscara amarilla y mostaza son especialidades de Los Cayos. Las croquetas se pueden servir como aperitivo o como refrigerio.

Croquetas de caracol

Cuatro tiras de tocinetas picadas
1 pimentón rojo picado
1 pimentón verde picado
1 cebolla grande picada
1 cucharadita de ajo picado menudo
2 ajos chalotes picados
4 tallos de apio en rodajas
2 cucharadas de albahaca fresca picada menudo
1/2 manojo de cilantro picado menudo
2 libras de carne de caracol, lavada y picada en trozos pequeños o molida
4 rebanadas de pan blanco y blando en migajas
1/4 de taza de harina de maíz
2 cucharadas de harina de trigo blanca
1 cucharada de *Old Bay Seasoning*
Una pizca de pimienta cayena (guindilla de indias)
1 cucharadita de sal
1 cucharadita de pimienta negra
2 huevos
1 cucharada de mitad leche y mitad crema
2 cucharadas de perejil picado menudo
Aceite vegetal para freír

Salsa de limón de Los Cayos y mostaza

1 taza de mayonesa
1/2 taza de mostaza Pommery
1/2 taza de mostaza estilo dijon
El zumo de dos limones de cáscara amarilla
2 cucharadas de aceite de limón *(Key lime oil)*
2 cucharadas de miel de abejas
2 cucharaditas de ajo picado menudo
Pulpa y zumo de una naranja

Para preparar las **croquetas** se tuesta la tocineta hasta que quede crujiente. En la misma grasa se sofríen los pimentones, la cebolla, el ajo, los chalotes y el apio. Cuando el sofrito se enfría se mezcla bien con la tocineta y los demás ingredientes menos el aceite. Se arman bolas de 1 a 1 1/2 pulgadas y se refrigeran.

Para preparar la **Salsa de limón de Los Cayos y mostaza** se mezclan bien todos los ingredientes.

Justo antes de servir, se doran las croquetas en 2 pulgadas de aceite a fuego medio alto, o se fríen 5 minutos en el aceite a 350°F. Se escurren sobre toallas de papel y se sirven con la salsa de mostaza o la salsa del coctel. Rinde 30 croquetas.

CORAZONES DE ALCACHOFA
RELLENOS CON LANGOSTA DE LA FLORIDA

Jan Jorgensen y Soren Brendahl del Two Chefs Cooking

Este es un aperitivo liviano y elegante. Las alcachofas se rellenan con la carne de la langosta de La Florida y luego se condimentan con tomate picado, un poco de albahaca y aceite de trufa.

> 4 alcachofas grandes
> 1 taza de caldo de pollo concentrado
> 2 colas de langostas de La Florida de 1 $\frac{1}{4}$ libras cada una, peladas en agua hirviendo (o 1 $\frac{1}{2}$ libras de cola de langosta de Maine)
> 6 cucharadas de mantequilla sin sal
> 2 tomates, sin semillas, pelados y picados menudo
> 3 cucharadas de albahaca fresca picada
> 2 cucharadas de aceite blanco de trufa
> Sal y pimienta al gusto
> Aderezo: 1 puerro, la parte blanca picada menuda
> Una buena cantidad de aceite para freír

En agua salada, se hierven las alcachofas unos 15 a 20 minutos o hasta que la parte de abajo ceda al chuzarla con un espetón de madera. Se sacan del agua y cuando están tibios al tacto se pelan las hojas exteriores y las pelusas, dejando solamente el corazón. Se corta el tallo, dejando $\frac{1}{2}$ pulgada como base. Se colocan en el caldo de pollo y se dejan reposar.

Para preparar la langosta, se corta la caparazón de la cola con unas tijeras para aves y se extrae la carne; ésta se corta en medallones que se doran en un poco de mantequilla a fuego medio-alto unos 3 a 4 minutos, dejándolos en un punto medio de cocción.

Para presentar el plato, se calientan los corazones de alcachofas en el caldo de pollo a fuego medio y se le añaden 3 cucharadas de mantequilla y los tomates. Se colocan las alcachofas en platos de servir llanos u hondos según se prefiera, y se rellenan con la langosta. Se deja la mezcla de tomates a fuego medio y poco a poco se añade lo que queda de la mantequilla removiendo rápidamente. Se echa la albahaca y el aceite de trufa y luego la sal y la pimienta al gusto y con una cuchara se vierte sobre las alcachofas y los medallones de langosta.

Como aderezo, se dora el puerro picado en aceite caliente a una temperatura de 275°F por 1 minuto, se saca sobre una toalla de papel y se espolvorea por encima cada plato. Rinde 4 porciones.

QUESADILLAS DE LANGOSTA

Allen Susser del Chef Allen's

Cuando se agrega langosta de La Florida al relleno de las quesadillas tradicionales, su sabor es inigualable. Se sirven como aperitivo o refrigerio.

12 onzas de carne de langosta vedijosa, cortada en trozos pequeños
1 pimentón rojo picado
1 pimentón amarillo picado
1 cebolla roja pequeña picada
1 taza de granos de maíz cocidos
1 taza de ajo chayote picado menudo
3 cucharadas de cebolletas picadas menudo
2 cucharadas de cilantro picado menudo
1$\frac{1}{2}$ cucharadita de comino molido
1 cucharadita de chili en polvo
$\frac{1}{2}$ cucharadita de sal gruesa
$\frac{1}{2}$ cucharadita de escamas de pimentón rojo
2 cucharadas de crema amarga
3$\frac{3}{4}$ tazas de queso blanco cheddar rayado
2 cucharadas de mantequilla sin sal a temperatura ambiente
12 tortillas de harina de trigo (de 8 pulgadas)

Para preparar el relleno, en un recipiente no reactivo se mezclan bien la langosta, los pimentones, la cebolla, el maíz y el chayote. Se añaden luego las cebolletas, el cilantro, el comino, el chili en polvo y las escamas de pimentón y se echan en la crema amarga y $\frac{3}{4}$ de taza del queso rayado.

Se precalienta el horno a 450°F.

Para preparar las quesadillas, se esparce la mantequilla por un lado de las tortillas; se voltean y se espolvorean con un poco de queso. Luego se esparce $\frac{1}{2}$ taza de la mezcla de langosta sobre la mitad de abajo de cada tortilla y se espolvorea el queso restante ($\frac{1}{4}$ de taza por quesadilla). Se doblan y se colocan sobre papel de alumino en las bandejas del horno.

Se doran durante 8 minutos, se sacan y se parten a la mitad. Se sirven inmediatamente. Rinde 12 porciones.

ANCAS DE RANA CRUJIENTES

Carmen González

Marinada

2 dientes de ajo triturados
1$\frac{1}{2}$ cucharaditas de sal
1 cucharadita de aceite de oliva extra virgen
$\frac{1}{2}$ cucharadita de vinagre blanco
12 ancas de rana medianas o largas lavadas

Picadillo de tres tomates

1 tomate maduro, pelado, sin semillas y picado
1 tomate verde, pelado, sin semillas y picado
1 tomate amarillo, pelado, sin semillas y picado
4 espigas de tomillo fresco
1 cucharada de aceite de oliva extra virgen
$\frac{1}{2}$ cucharadita de sal
1 pizca de pimienta blanca

Salsa tibia de coco y maní

2 latas de leche de coco de 13$\frac{1}{2}$ onzas
$\frac{1}{2}$ taza de salsa de maní Thai en polvo

Ancas de rana fritas

1$\frac{1}{2}$ tazas de harina de trigo
1$\frac{1}{2}$ tazas de harina de maíz amarillo
1 cucharada de pimienta cayena
1 cucharada de condimento *Old Bay*
2 cuartos (medio galón) de aceite de canola

Se mezclan bien los dientes de ajo, la sal, el aceite de oliva y el vinagre. Se empapan las ancas de rana en esta mezcla, se tapan y se dejan marinar en el refrigerador por 48 horas.

Para el **picadillo de tomates**, se mezclan los tomates, el tomillo, el aceite de oliva, la sal y la pimienta; se tapan y se dejan en el refrigerador hasta el momento de servir.

Para la **salsa de coco y maní**, se calienta la leche de coco en una sartén y poco a poco se va batiendo en ella la salsa de maní. Se baja la candela y se cocina unos 15 minutos más.

Se mezclan las harinas de trigo y de maíz, la pimienta cayena y el condimento Old Bay. Se calienta el aceite de canola a 375°F, se enharinan las **ancas de rana** en la mezcla y luego se echan cuidadosamente una a una al aceite caliente. Se doran 4 minutos y se sacan con una espumadera sobre toallas de papel.

Se vierte la salsa de coco y maní caliente sobre las ancas de rana y se acompañan con el picadillo de tomates. Rinde 4 porciones.

PINCHOS DE POLLO A LA JERK CARIBE

Cindy Hutson del Norma's on the Beach

El condimento *Jerk* es una vieja tradición culinaria jamaiquina y se sabe que los arauacos lo preparaban mucho antes de la llegada de Colón. Aunque el condimento *Jerk* es absolutamente delicioso, es muy picante. Se puede suavizar disminuyendo la cantidad de pasta *Jerk* y acompañándolo con la refrescante salsa de papaya y mango.

Ajo tostado y aceite de ajo

5 cabezas de ajo enteras
1½ cucharadita de pimienta negra molida en casa
½ taza de aceite de oliva extra virgen

Pinchos de pollo

2 libras de pechugas de pollo deshuesadas y sin piel
Aceite de ajo (ver arriba)

Marinada

2 espigas de tomillo fresco (sólo las hojas)
4 a 6 cebolletas picadas (la parte verde y la blanca)
2 dientes de ajo tostados y triturados (ver arriba)
1 cucharadita de cáscara de limón rayada
¼ de taza de aceite de ajonjolí
3 cucharadas de salsa de soya
1 a 2 cucharadas de salsa *Jerk*
1 cucharadita de pimienta negra molida en casa

Salsa de mango y papaya

1 papaya madura y firme, pelada, sin semillas y picada
1 mango picado
3 cebolletas picadas menudo
½ cucharadita de salsa de pimentón picante
1 cucharada de azúcar moreno
¼ taza de aceite de canola
1 cucharada de zumo de limón

Para **el ajo tostado y el aceite de ajo**, se precalienta el horno a 350°F. Se pelan las cabezas del ajo y se le cortan las puntas. Se colocan en un molde y se espolvorean con pimienta. Se vierte el aceite sobre el ajo y se hornea unos 30 minutos, o hasta que el ajo esté blando. El aceite que sobra se puede conservar en el refrigerador en un recipiente de vidrio hasta dos semanas. Se remojan 35 pinchos de bambú y se corta cada pechuga al sesgo en 4 a 6 tajadas. Cada una se inserta en zigzag en los pinchos y se dejan sobre una bandeja no reactiva. Se combinan todos los ingredientes de la marinada y se vierten sobre los pinchos, asegurándose de empaparlos bien. Se cubren con un plástico y se dejan marinar por 1 hora en el refrigerador. Para la **salsa**, se mezclan los ingredientes, se tapan y se refrigeran. Se prende el carbón o el horno y se engrasa la parrilla o el molde con el aceite de ajo tostado. Se asan los pinchos 4 minutos cada lado o hasta estar bien cocidos y se sirven con la salsa de mango y papaya, o con ensalada verde. Rinde de 6 a 8 porciones.

MOLDE DE JALEA DE VERDURAS
FRESCAS CON ADEREZO DE CILANTRO

Christophe Gerard del Twelve Twenty del Hotel Tides

Coulis de tomate
1 libra de tomates maduros cortados en cuartos
2 cucharadas de pasta de tomate
$^1/_4$ de taza de aceite de oliva
1 cucharadita de semillas de apio
$^1/_4$ de taza de vinagre de jerez
Sal y pimienta al gusto

Aderezo de cilantro
$^1/_2$ taza de aceite de oliva
2 tazas de zanahoria en trozos
$^1/_2$ libra de raíces de apio en trozos
2 tazas de apio en trozos
1 taza de cebolla en trozos
2 tazas de berros en trozos
2 cucharadas de romero seco
2 cabezas de ajo cortadas a la mitad
1 cuarto de vino blanco ($^1/_2$ botella)
2 cucharadas de sal marina
2 hojas de laurel trituradas
2 tazas de hojas de cilantro picadas
2 cucharadas de coriander molido
3 cucharadas (3 sobres) de gelatina sin sabor

Verduras
1 calabacín grande cortado en rodajas de
  $^1/_4$ de pulgada
Aceite de oliva
6 a 8 zanahorias peladas y cortadas a la mitad
$^1/_2$ libra de raíces de apio, peladas y cortadas en
  trozos de $^1/_4$ de pulgada
12 espigas largas de espárragos verdes pelados
$^1/_4$ de libra de habichuelas despuntadas
Aderezo: tomillo de limón

Se licúan los ingredientes del **coulis,** se cuelan y se dejan enfriar aparte. Para el **aderezo,** se calienta el aceite en una olla grande a temperatura media. Se echan las verduras, el romero y el ajo, y se cocinan por 2 minutos, revolviendo mucho; luego se cubren con agua fría y se hierven. Se tapan y a fuego lento se cocinan 20 a 30 minutos. Se añade el vino y la sal, se tapan y se cocinan a fuego lento 20 minutos más. Se dejan enfriar 15 minutos. Cuando estén frías, se cuelan a una sartén y se hierven hasta que el volumen se reduzca a $^3/_4$ de galón. Se añade el cilantro y el coriander. Cuando esté frío se cuela de nuevo, se añade la gelatina y se deja reposar. Se unta la superficie del calabacín con aceite y se asa a la plancha 3 minutos o hasta que esté blando, y se deja enfriar. Se hierven las zanahorias unos 10 minutos, se enfrían en agua helada y se cuelan. Se repite el proceso con las raíces del apio, 15 minutos, los espárragos 3 y las habichuelas 5. Se cubre el fondo de un molde con papel plástico, se meten las verduras en capas, primero las zanahoria, se vierten 3 cucharadas de aderezo de cilantro, se acomoda el apio y se vierten 3 cucharadas del aderezo; se repite el procedimiento hasta que el molde este lleno. Se refrigera 24 horas. Para servirlo se saca del molde jalando del plástico, se coloca un poco de coulis de tomate en un plato con una tajada de jalea y se vierte un poco de aceite de oliva por los lados. Se espolvorea con tomillo de limón. Rinde 6 porciones.

CALDO DE PESCADO JAMAIQUINO

Dawn Sieber del Cheeca Lodge

En este caldo picante se puede degustar la inmensa variedad de mariscos frescos de Los Cayos. Los mariscos se cocinan aparte y luego se añaden a la sopa para evitar que se cocinen de más. Se usa el tipo de carne de cangrejo disponible si no se pueden conseguir los cangrejos *stone*. El condimento *Jerk* es bastante fuerte, así que se debe mezclar poco a poco de acuerdo al gusto.

2 onzas (2 tiras) de tocineta ahumada de manzana u otra clase de tocineta ahumada
$^1/_4$ de taza de cebolla picada
$^1/_4$ de taza de apio picado
$^1/_4$ de taza de berros picados
2 cucharadas de azúcar moreno
1 pizca de pimienta cayena (guindilla de indias)
1 cucharadita (o al gusto) de condimento *Jerk*
2 tazas de caldo de pescado
2 tazas de tomates ciruela (1 libra) picados
$^1/_2$ manojo de tarragona ($^1/_2$ onza), solamente las hojas picadas
Sal
6 cucharadas de mantequilla sin sal
$^1/_4$ de libra de camarones medianos, pelados, lavados y picados
$^1/_4$ de libra de carne de cangrejo *stone*, picada
$^1/_4$ de libra de carne de pargo rojo, mahimahi o llampunga picada
Aderezo: cubos de pan tostado, cebolleta picada o yogurt

Se tuesta la tocineta y sobre la grasa del sartén se sofríen a fuego lento la zanahoria, el apio y los berros. Se dejan cocinar a fuego lento 15 minutos, se espolvorean con azúcar moreno y se dejan al fuego 3 minutos más. Se agrega la cayena y el condimento *Jerk* y se cocina otro minuto. Se echan el caldo de pescado y los tomates y se deja hervir a fuego lento 30 minutos. Se añade la tarragona y la sal al gusto.

Se derrite la mantequilla a fuego lento y se le añade el pescado y los mariscos y se sofríen unos pocos minutos. Para servir, se colocan el pescado y los mariscos en cada plato sopero, se echa el aderezo escogido y se vierte el caldo caliente. Rinde 4 porciones.

CREMA DE CALABAZA CARIBEÑA CON *CROSTINI*

Cindy Hutson del Norma's on the Beach

CREMA DE CALABAZA A LA CARIBEÑA

La calabaza es parecida al *pumpkin* norteamericano, con un sabor delicado y cremoso como la *butternut* o *hubbard*, ambas buenos sustitutos. La calabaza se compra en trozos grandes.

- 1 cucharada de mantequilla sin sal o mantequilla con sabor a hierbas
- 1 cebolla grande en rodajas
- 2 espigas de tomillo fresco, solamente las hojas
- $\frac{1}{4}$ de una calabaza grande (4 tazas) pelada, sin semillas y cortada en cubos
- 1 diente de ajo triturado
- 1 zanahoria en rodajas
- 1 corvejón de cerdo ahumado
- $\frac{1}{2}$ galón de caldo de pollo
- $\frac{1}{2}$ pimiento *Scotch Bonnet* (picante) sin semillas
- Sal y pimienta molida en casa

Se calienta la mantequilla en una olla grande y se sofríe la cebolla 4 minutos hasta que quede glaseada pero no dorada. Se agregan las hojas de tomillo, la calabaza, el ajo y la zanahoria y se sofríen unos 4 minutos más hasta que esten blandos. Se añade el corvejón ahumado y se vierte el caldo de pollo. Se deja hervir 10 minutos y se añade el pimiento picante. Se reduce el fuego, se tapa y se deja conservar 45 minutos. Se sacan el corvejón y el pimiento y se deja enfriar 15 minutos. Este caldo se licúa en pequeñas cantidades para preparar una crema suave. Se condimenta con sal y pimienta y se sirve caliente. Rinde $\frac{3}{4}$ de galón.

CROSTINI

Estos cubos de pan tostado son un regalo para los amantes del ajo, quienes podrán disfrutarlos solos o para acompañar sopas y ensaladas.

- 1 lonja de pan francés, italiano o cubano, cortado en tajadas de $\frac{1}{4}$ de pulgada

Pasta de ajo
- 3 cabezas de ajo, peladas y despuntadas
- 1 taza de aceite de canola

Mantequilla con hierbas
- $\frac{1}{2}$ libra de mantequilla salada a temperatura ambiente
- 2 cucharadas de cebolletas picadas menudo
- 3 ascalonias picadas menudo
- $\frac{1}{4}$ de taza de perejil picado menudo

Para la **Pasta de ajo**, se licúan el ajo y el aceite hasta que quede un puré suave, y se guarda en el refrigerador en un recipiente con tapa a prueba de aire para usarlo a medida que se desee.

Para la **Mantequilla con hierbas**, se licúan a baja velocidad la mantequilla, las cebolletas, las ascalonias y dos cucharadas de la pasta de ajo. Se untan las tajadas de pan con esta mantequilla, se ponen en una bandeja de horno y se tuestan a máxima temperatura. Rinde de 6 a 8 porciones.

CAZUELA DE CARACOL DE LOS CAYOS

En Los Cayos de La Florida del siglo XIX la leche fresca era escasa y la refrigeración no era ni un sueño todavía, así que cuando en 1885 la leche evaporada apareció en el mercado, se adoptó inmediatamente para preparar la cazuela de caracol y otros platos. Aunque los problemas de refrigeración son historias del pasado, esta versión de cazuela aún se prepara con leche de coco enlatada, la cual le da un sabor tropical dulce, realzado con el sabor del chili. Esta receta se puede preparar fácilmente en grandes cantidades.

$^1/_4$ de cerdo salado (chicharrón crudo),
   en tajadas
1 cebolla picada menudo
$^1/_2$ taza de apio picado menudo
1 zanahoria picada menudo
1 tomate pelado, sin semillas y picado
1 papa pelada y picada
1 diente de ajo triturado
1 libra de carne de caracol, ablandada y
   cortada en cubos de $^1/_2$ pulgada
1 lata de leche de coco de 13$^1/_2$ onzas
2 tazas de agua
1$^1/_2$ cucharaditas de sal
$^1/_4$ cucharadita de pimienta molida en casa
1 cucharadita de tomillo seco
2 hojas de laurel
1 pimiento *Scotch Bonnet* (picante)

En una sartén grande se fríen a fuego lento las tajadas de cerdo salado para derretir su grasa. Se botan los pedazos de cerdo y en la grasa restante se sofríen la cebolla, el apio y las zanahorias 5 minutos. Luego se añaden el tomate, las papas, el ajo y el caracol y se cocinan 3 minutos más. Se agregan los ingredientes que faltan, se revuelve bien, se tapa y se cocinan a fuego lento 1$^1/_2$ horas o hasta que el caracol esté blando. Si la cazuela queda demasiado espesa se puede agregar un poco más de agua. Se sacan las hojas de laurel y el pimiento y se sirve caliente. Rinde de 4 a 6 porciones.

SOPA FRÍA DE CHAYOTE

Doug Shook del Louie's Backyard

Cuentan los historiadores que el chayote (alias mirliton o christophene) ha sido un comestible ya por varios siglos, y que era uno de los alimentos básicos de los mayas y los aztecas de México y también de los nativos de América del Sur. Es un fruto parecido a un calabacín que se encuentra en todos los mercados del sur de La Florida. Su delicioso y refrescante sabor se puede apreciar muy bien en esta sopa. La semilla es suave y comestible también y se puede cocinar con el resto de la fruta.

4 calabacines chayote, pelados y en trozos
1 cebolla grande en trozos
1 manzana *Granny Smith*, pelada y cortada en cuartos
1 hoja de laurel
1 espiga de tomillo
1 rama de yerbabuena o de menta
$^1/_4$ de galón de caldo o sustancia de pollo o de agua
1 taza de yogurt sin sabor y descremado
Sal y pimienta

Aderezo
$^1/_2$ taza de rábanos picados menudo
$^1/_2$ taza de zanahorias delgadas picadas menudo
$^1/_2$ taza de habichuelas despuntadas y picadas menudo
$^1/_2$ taza de vainas de arvejas dulces despuntadas y picadas menudo
$^1/_2$ taza de cebolletas cortadas en tiras de $^1/_2$ pulgada
$^1/_2$ taza de hojas de menta (yerbabuena) frescas
$^1/_2$ taza de cubos de $^1/_4$ de pulgada de pan blanco tostado
6 cucharadas de yogurt sin sabor y descremado

Para preparar la sopa se combinan el chayote, la cebolla, la manzana, las hierbas y el caldo en una olla grande. Se hierve a fuego lento unos 15 minutos o hasta que las verduras estén blandas. Se licúa en cantidades pequeñas para formar un puré. Se cuela, se tapa y se refrigera. Cuando esté fría, se mezcla el yogurt, la sal y la pimienta al gusto y se refrigera de nuevo hasta que esté bien fría.

Para servir, se vierte la sopa en platos grandes y se añaden las demás verduras, hierbas, el pan tostado y una cucharada de yogurt por encima. Rinde 6 porciones.

POTAJE DE GARBANZOS

Esta sopa española de garbanzos, chorizo, papas y azafrán es muy popular. Si se prefiere, los garbanzos se pueden cocinar con un corvejón de cerdo y luego se puede cortar la carne en trocitos y añadirla a la sopa al final. Algunos prefieren usar tiras de tocineta en vez del cerdo salado.

1 libra de garbanzos secos
2 latas (14$\frac{1}{2}$ onzas) de caldo o sustancia de carne
2 latas (14$\frac{1}{2}$ onzas) de caldo o sustancia de pollo
$\frac{1}{2}$ galón de agua
4 hojas de laurel
$\frac{1}{4}$ de libra de cerdo salado cortado en tiras de $\frac{1}{4}$ de pulgada
2 dientes de ajo triturados
2 cebollas picadas
$\frac{1}{2}$ pimentón rojo picado
3 papas medianas, peladas y cortadas en cubos
$\frac{1}{2}$ cucharadita de pimienta negra
$\frac{1}{2}$ cucharadita de paprika
$\frac{1}{2}$ cucharadita de azafrán
2 chorizos (de 3 onzas), cortados en rodajas delgadas
Sal

Se escogen los garbanzos para sacar las basuras y los granos dañados y se dejan en remojo durante la noche en medio galón de agua (también se pueden remojar rápidamente de acuerdo a las instrucciones en el empaque). Se cuelan y se bota el agua.

Se ponen a hervir en una olla de 1$\frac{1}{2}$ galones de capacidad junto con el caldo de carne y el de pollo, $\frac{1}{4}$ de galón de agua y las hojas de laurel. Una vez que hiervan, se tapan y se dejan cocinar 1 hora a fuego medio-alto. Mientras se cocinan los garbanzos, se fríe el cerdo salado 10 minutos para derretir la grasa y luego se sofríen el ajo, la cebolla y el pimentón 5 minutos. Se retiran del fuego y se colocan aparte.

Cuando los garbanzos se han cocinado, se agrega el otro cuarto de galón de agua, las verduras y los demás ingredientes. Se cocinan unos 30 minutos más, hasta que las papas estén blandas. Antes de servirse, se saca la grasa de encima del potaje, el cerdo salado y las hojas de laurel y se le echa sal al gusto. Rinde de 8 a 10 porciones.

SOPA DE FRIJOLES NEGROS

Los frijoles negros son un plato omnipresente en todos los restaurantes cubanos de Miami y se sirven como sopa o como segundo plato acompañados de arroz blanco. Estos frijoles son conocidos también como frijoles tortuga, y su color real es púrpura oscuro. Esta sopa es una comida completa en sí. Servida con una cucharada de crema amarga y espolvoreada con cebolla sofrita es exquisita. Si sobran frijoles, su sabor es aún mejor al día siguiente.

1 libra de frijoles negros
1 corvejón de cerdo ahumado
$^3/_4$ de galón de agua
2 cebollas picadas
1 pimentón rojo picado
1 pimentón verde picado
2 cucharadas de aceite de oliva
4 dientes de ajo triturados
2 hojas de laurel
$1^1/_2$ cucharaditas de orégano seco
1 cucharadita de comino molido
1 cucharada de sal
$^1/_2$ cucharadita de pimienta negra
2 cucharadas de cilantro fresco picado
$^1/_4$ de cucharadita de clavos molidos
2 cucharaditas de azúcar
4 cucharadas de jeréz seco o 1 cucharada de
    vinagre de vino
Crema amarga
Ascalonias picadas finas
Cilantro picado fino

Se escogen los frijoles para descartar las basuras y los granos dañados y se dejan en remojo durante la noche en $^1/_2$ galón de agua (también se pueden remojar rápidamente siguiendo las instrucciones del empaque). Se cuelan los granos y se enjuagan.

Se hierven en $^3/_4$ de galón de agua en una olla grande con el corvejón, se tapan y se reduce el fuego a medio-alto.

En una sartén de teflón se sofríen a fuego medio las cebollas y los pimientos en aceite de oliva unos 15 minutos o hasta que estén blandos, pero no dorados. Se echan el ajo, las hojas de laurel, el orégano, los cominos, la sal, la pimienta, el cilantro y los clavos y se sofríe 2 minutos más. Cuando los frijoles se han cocinado 1 hora, se saca el corvejón y se echan las verduras y el azúcar, se tapan y a fuego lento se cocinan 45 minutos. La carne del corvejón se corta en trozos pequeños y se echan a los frijoles, luego se añade el jeréz o el vinagre y se dejan cocinar 15 minutos más.

Para servir se sacan las hojas de laurel y se adereza con crema amarga, cebolla y cilantro picados. Rinde de 6 a 8 porciones.

SÁNDUICHES CUBANOS Y SOPA DE PLÁTANO VERDE

SÁNDUICHES CUBANOS

Estos son unos de los sánduiches cubanos más populares en Miami y son realmente deliciosos. Por lo general, en los restaurantes y cafeterías cubanas los preparan con anterioridad y los calientan en las sanduicheras cuando llegan los clientes. El relleno puede variar, pero todos tienen jamón al horno, cerdo rostisado, queso suizo y pepinillos marinados con eneldo. Se puede untar el pan con mostaza, aceite, mantequilla y hasta con el delicioso mojo con sabor a ajo.

1 lonja de pan cubano de 8 a 9 pulgadas de largo
Mostaza amarilla, aceite de oliva, mantequilla de untar o mojo (página 31)
$^1/_4$ de libra de jamón al horno en tajadas delgadas
$^1/_4$ de libra de jamón de cerdo sin grasa
2 onzas de queso suizo en tajadas delgadas
Pepinillos en rodajas marinados en eneldo

Se corta el pan a lo largo y se le esparce la mostaza o el ingrediente preferido. En el centro se colocan el jamón, el cerdo, el queso y los pepinillos en capas. Se calientan en la sanduichera, la waflera o una sartén para tostar el pan y derretir el queso. Se cortan en diagonal. Rinde 2 porciones.

SOPA DE PLÁTANO VERDE

Aunque los plátanos son una variedad del banano, no se pueden comer crudos. Para esta sopa maravillosa, las rodajas de plátano frito se añaden al caldo de pollo con ajo y se cocinan hasta que se deshacen y espesan la sopa. Hay que revolverla frecuentemente para que la sopa no se pegue a la olla.

6 tazas de caldo de pollo con la grasa
2 dientes de ajo triturados
$^1/_4$ de taza de aceite vegetal
3 plátanos verdes, pelados y cortados diagonalmente en rodajas de $^1/_2$ pulgada
Sal y pimienta

Se hierve el caldo de pollo, se agrega el ajo y se conserva a fuego lento. Mientras tanto, se doran por ambos lados las rodajas de plátano en aceite caliente unos 8 a 10 minutos hasta que estén blandas. Se van sacando sobre toallas de papel y se van echando al caldo hirviendo. Se reduce el fuego, se tapa parcialmente y se cocina unos 15 a 20 minutos, revolviendo constantemente para partir los plátanos y para prevenir que se peguen al fondo de la olla. Se condimenta con sal y pimienta al gusto y si se prefiere una consistencia más liviana, se puede añadir más caldo. Se sirve caliente. Rinde de 6 a 8 porciones.

Nota: Para pelar los plátanos verdes, se toma un cuchillo pequeño, se hace una incisión a lo largo del fruto y luego se aparta la cáscara con los dedos y se acaba de pelar.

ENSALADA CAESAR CON OSTRAS CRUJIENTES

Carmen González

La salsa de la ensalada se puede preparar con anterioridad, y si sobra un poco, se puede guardar en el refrigerador. Las ostras se fríen al último instante para que estén calientes y crocantes.

Cubos de pan tostado y ensalada

Aceite vegetal
1 lonja de pan francés, cortado en cubos de $^1/_2$ pulgada
1 cabeza de lechuga romana, rasgada en pedazos de tamaño de bocado

Salsa

2 dientes de ajo pelados
10 anchoas (una lata de 2 onzas, sin jugo)
Zumo de 1 limón
$^1/_3$ de taza de queso parmesano-regiano rayado
$^3/_4$ de taza de aceite de ensalada
6 cucharadas de aceite de oliva
2 huevos
$^1/_4$ de cucharadita de sal
$^1/_4$ de cucharadita de pimienta negra molida en casa

Ostras picantes y crujientes

$^3/_4$ de taza de harina de trigo blanca
$^3/_4$ de taza de harina de maíz
$1^1/_2$ cucharaditas de pimienta cayena
$1^1/_2$ cucharaditas de condimento *Old Bay*
Aceite vegetal para freír
24 ostras, lavadas y fuera de su caparazón

Para preparar los **cubos de pan tostado**, se calienta el aceite a fuego medio, se doran los cubos de pan volteándolos frecuentemente y se sacan sobre toallas de papel.

Para la **salsa**, se licúan el ajo, las anchoas, el zumo de limón y el queso hasta formar una pasta y luego se vierte el aceite en un chorrito. Luego se echan los huevos, la sal y la pimienta y se licúan hasta que la pasta quede suave. Se refrigera para servirse fría.

Para las **ostras crujientes**, se mezclan las harinas, la cayena y el condimento *Old Bay*. Se calientan 2 pulgadas de aceite a 375°F. Se enharinan las ostras, se doran en el aceite y se sacan sobre toallas de papel.

Se empapa la lechuga con la salsa y se divide en 4 platos. Se aderezan con las ostras, los cubos de pan y un poco de queso si se desea. Se sirve de inmediato con un poco de salsa adicional al lado. Rinde 4 porciones.

ENSALADA DE POLLO
A LA PLANCHA MARINADO CON ACHIOTE

Paul Gjertson del restaurante Deering Bay & Country Club

Los cítricos son muy populares en la cocina de Miami. En esta receta, los cascos de naranja y naranja grey son un complemento fantástico para el pollo a la plancha, al igual que los sabores frescos de la marinada y la salsa.

1 taza de aceite vegetal
3 cucharadas de zumo de limón
1 cucharada de pasta de achiote
2 cucharaditas de ajo picado
3 cucharadas de cebolla española rayada
4 pechugas de pollo (de 5 onzas) deshuesadas
Sal y pimienta molida en casa
2 manojos de arúgula picada y refrigerada
  (4 tazas)

Salsa

$1/2$ cucharadita de cáscara de limón rayada
2 cucharadas de zumo de limón de cáscara
  amarilla
1 cucharadita de ajo picado
$1/4$ de taza de pimiento habanero sin semillas
2 cucharadas de cilantro picado
$3/4$ de taza de aceite vegetal
3 cucharadas de queso feta

Aderezo

12 cascos de naranja
12 cascos de naranja grey
1 mango pelado y cortado en 8 trozos iguales

En un recipiente no reactivo se mezclan bien el aceite, el zumo, la pasta de achiote, el ajo y la cebolla. Se empapan las pechugas con la mezcla y se dejan marinar en el regrigerador durante la noche. La salsa se prepara licuando todos los ingredientes y refrigerandola hasta que esté bien fría.

Se prenden los carbones o la parrilla. Se sazona el pollo con sal y pimienta y se dora sobre el carbón o en el horno unos 4 o 5 minutos por cada lado.

Para servir, se coloca una taza de arúgula en cada plato, y la pechuga en su salsa en el centro, se adorna con 3 cascos de naranja, 3 de naranja grey y 2 trozos de mango y se vierte la salsa sobre la ensalada. Rinde 4 porciones.

ENSALADA CARIBEÑA DE LANGOSTA

Pascal Oudin del Sweet Donna's Country Store Restaurant and Bakery

Esta es una ensalada elegante y completa que combina la langosta de La Florida y los champiñones Portobello con una vinagreta de coco y limón de Los Cayos. Este plato se puede acompañar con trozos de yuca frita (página 136).

1 lechuga de hojas rojas
2 lechugas de hojas verdes
8 tallos de cebolletas y otras 4 completas
2 langostas de La Florida enteras (de 1$^1/_2$ libras c/u) o 2 langostas de Maine (de 1 libra c/u).
4 champiñones Portobello sin los tallos
$^1/_4$ de taza de aceite de oliva
2 dientes de ajo picados
Sal y pimienta molida en casa

Vinagreta de coco y limón de Los Cayos

1 taza de jugo de naranja
$^1/_4$ de taza de zumo de limón de cáscara amarilla
$^1/_4$ de taza de leche de coco
1 taza de aceite de oliva
$^1/_2$ cucharada de ascalonias picadas menudo
$^3/_4$ de cucharadita de pimienta molida en casa
Sal marina
Escamas de pimentón rojo

Se dividen las hojas de lechuga y las cebolletas en 4 porciones y con las cebolletas enteras se atan en paquetes y se guardan en el refrigerador.

Se echan las langostas, cabezas primero, en una olla de agua hirviendo y se dejan hervir 5 minutos. Se enfrían en agua helada. Se abren los caparazones y se extrae la carne. Se coloca en un recipiente con tapa y se refrigera. Los Portobello se mezclan con el aceite de oliva, la cebolla, la sal y pimienta al gusto y se hornean 15 minutos, cubiertos con papel de aluminio en el horno precalentado a 400 °F. Se dejan enfriar 5 minutos y luego se corta el centro de cada uno para darles forma de roscas.

La **vinagreta** se prepara calentando el zumo de naranja a fuego medio hasta que se reduzca a $^2/_3$ de taza. Se añaden 2 cucharadas de leche de coco y 3 de zumo de limón; se bate poco a poco el aceite de oliva en la mezcla y se le agrega el resto de la leche de coco y el zumo al gusto. Luego se echan las ascalonias, la pimienta, la sal y el pimentón y se conserva caliente hasta la hora de servir.

Para presentar la ensalada, se arreglan las hojas en el centro del plato y los ramos verdes en el centro de los Portobellos. Cada cola de langosta se corta en dos a lo largo y las mitades se colocan en el centro de otros Portobellos. Se vierte la vinagreta sobre todos los alimentos y se acomodan los trozos de yuca alrededor de la ensalada. Rinde 4 porciones.

GAZPACHO DE LANGOSTA AL JEREZ

Todd Weisz, Turnberry Isle Resort & Club

El gazpacho español clásico es una sopa fría de tomates en puré y de vegetales como el pimentón y el pepino. Esta es una versión contemporánea, que se parece más a una ensalada y que además lleva plátanos y ensalada verde para acompañar la langosta. Se utiliza la langosta de Maine, que es fácil de encontrar puesto que la de La Florida sólo se encuentra durante la subienda que dura seis meses.

2 langostas de Maine (1$\frac{1}{2}$ libras)

Gazpacho

1 pimentón rojo grande picado (1 taza)
1 tomate fresco, pelado, sin semillas y picado (1$\frac{1}{2}$ tazas)
$\frac{1}{2}$ taza de pepino pelado, sin semillas y picado
1 cucharada de vinagre de jerez
1 cucharadita de sal
$\frac{1}{4}$ de cucharadita de pimienta molida en casa
2 cucharadas de aceite de oliva extra virgen

Aceite vegetal para freír
1 plátano verde
Sal
2 tazas de hojas verdes para ensalada y habichuelas
8 a 10 tallos de cebolletas
$\frac{1}{2}$ taza de tomates de ensalada en mitades o tomates cereza en cuartos
Aderezo: retoños de girasol

Se sumergen las langostas, cabezas primero, en agua hirviendo y se cocinan de 7 a 10 minutos. Se enfrían en agua helada y luego se abre la caparazón y se extrae la carne. Las colas se parten en cuatro pedazos; y se dejan en el refrigerador en un recipiente tapado.

Para el **gazpacho** se licúan todos los ingredientes. Este jugo cremoso se pasa por un colador fino y se refrigera tapado.

Antes de servir, se calienta el aceite a 375°F. Se pela el plátano y se corta a lo largo en tajadas delgadas. Se enrollan formando un anillo de 2 pulgadas de diámetro y se presionan las puntas una contra la otra, para que el almidón natural las pegue. Se doran en el aceite unos 3 a 4 minutos. Se sacan en toallas de papel y se espolvorean con sal.

Para servir se acomodan las habichuelas, las hojas de ensalada y un par de cebolletas dentro de los anillos de plátano en 4 platos de sopa fría. Se coloca la cola de la langosta formando un círculo, una tenaza en el centro y los tomates alrededor y se vierte un poco de gazpacho ($\frac{1}{2}$ taza) en cada plato. Se adereza con albahaca y retoños de girasol. Rinde 4 porciones.

CRUJIENTE LOBINA DE MAR A LA CHILENA

Todd Weisz del Turnberry Isle Resort & Club

Tuile de parmesano

6 cucharadas de Queso parmesano-reggiano

Papas nicoise

2 papas grandes, peladas y cortadas en trozos medianos
$^1/_2$ a $^3/_4$ de taza de crema de leche batida
2 cucharadas de mantequilla sin sal
2 cucharadas de aceitunas *nicoise* sin semillas y en puré
1 cucharadita de sal
$^1/_4$ de cucharadita de pimienta negra molida en casa

Coulis de tomate

$1^1/_2$ tazas de tomates pelados, sin semillas y picados
$^1/_2$ taza de cebolla picada
1 cucharada de ajo triturado
1 taza de caldo de pollo
1 cucharadita de sal
$^1/_4$ de cucharadita de pimienta negra molida en casa
1 cucharada de mantequilla sin sal
3 hojas de albahaca fresca

4 filetes de lobina (de 6 onzas) con piel
Sal y pimienta negra molida en casa
2 a 3 cucharadas de aceite de oliva
1 taza de arúgula de hoja pequeña
4 cebolletas

Para el **tuile** se precalienta el horno a 350°F y en una bandeja se espolvorea el queso formando 4 óvalos de 6 pulgadas de largos. Se rellenan con bastante queso y un poco de agua y se doran unos 5 minutos. Se sacan y se dejan enfriar.

Se hierven las papas cubiertas de agua, se baja el fuego y se dejan unos 10 a 15 minutos hasta que estén blandas; se cuelan y se dejan enfriar 5 minutos antes de harcerse en puré. Se derriten la crema y la mantequilla a fuego lento y se vierten sobre las papas. Se agregan las aceitunas, la sal y la pimienta batiendo un poco hasta que la mezcla quede suave.

Para el **Coulis de tomate** se cocinan a fuego lento todos los ingredientes 30 minutos, exceptuando la mantequilla y la albahaca. Luego se licúan con la mantequilla y la albahaca hasta formar una pasta suave. Se conserva caliente.

Se precalienta el horno a 350°F. Se sazona la lobina por ambos lados con sal y pimienta. En el aceite de oliva caliente se fríen los filetes con la piel hacia abajo y cuando la piel comience a dorarse, se mete la sartén al horno y se hornean unos 5 a 10 minutos, dependiendo del grosor de los filetes. La carne debe quedar blanca y firme.

Se sirven $1^1/_2$ tazas de papas en un molde de 3 pulgadas de diámetro y se presiona para formar una torta, se desmolda y se coloca el pescado encima con la piel hacia arriba. Se adorna con arúgula alrededor, se sirve el **coulis** y el **tuile** se inserta verticalmente en las papas. Se adereza con una rama de cebolleta. Rinde 4 porciones.

LOBINA DE MAR CON LANGOSTA Y PLÁTANOS

Efraín Veiga del Yuca

2 langostas de $1\frac{1}{2}$ libras
2 tazas de lechuga tierna

Caldo de langosta a la mirín

2 cucharadas de aceite de oliva
1 cebolla pequeña picada
1 taza de apio picado
2 tomates pequeños picados
2 tazas de mirín (vino dulce de arroz)
Sal y pimienta
6 ramas de cilantro

Salsa de aguacate

1 aguacate en cubos
2 tomates grandes en cubos
1 cebolla en cubos
1 cucharada de cilantro picado
1 cucharada de zumo de limón
1 cucharadita de jalapeño triturado
Sal y pimienta

Plátanos acaramelados

2 plátanos maduros pelados
$\frac{1}{4}$ de taza de miel de abejas
1 cucharadita de canela en polvo

Lobina de mar

Sal y pimienta
4 filetes (de 4 onzas) de lobina de mar
$\frac{1}{4}$ de taza de semillas de ajonjolí
3 cucharaditas de aceite vegetal

Se blanquean las lobinas en agua hirviendo durante 1 minuto. Se rompen las caparazones de las lan-gostas y se extrae la carne. Se sofríen ligeramente las capazones, el aceite de oliva, las cebollas y el apio a fuego medio-alto. Se cubren con agua, se echan los tomates y el mirín y apenas hiervan se baja la candela y se cocinan 1 hora. Se espolvorea la sal, la pimienta y el citantro al gusto. Se conserva caliente.

La carne de la cola de las langostas se cocina en agua hirviendo 3 minutos y el resto de la carne unos 6 minutos.

Se mezclan todos los ingredientes de la **salsa** y se sazonan con sal y pimienta.

Se precalienta el horno a 300°F. Se mezclan los **plátanos** con la canela y la miel y se hornean 12 minutos. Se sacan del horno y se cortan por la mitad a lo largo.

Los filetes de **lobina** se sazonan con sal y pimienta por ambos lados, y en uno de los lados se presionan suavemente las semillas de ajonjolí. El aceite se calienta a fuego alto y se fríen los filetes uno a uno, 2 minutos el lado del ajonjolí primero, y luego el otro lado 2 minutos también.

Para servir, se coloca medio plátano en cada plato con la lechuga al lado y encima de ésta el pescado, y $\frac{1}{2}$ taza de salsa de aguacate a un lado. Se corta la carne de la langosta en trozos y se reparten alrededor. Se vierte $\frac{1}{4}$ de taza de caldo colado y caliente en cada plato y se lleva a la mesa inmediatamente. Rinde 4 porciones.

SALMÓN A LA BRASA

Johnny Vinczencs del Astor Place y Johnny V's Kitchen

Condimento para el asado

6 cucharadas de paprika
3 cucharadas de chile ancho en polvo
1 cucharada de comino molido
1 cucharada de coriander molido
1 cucharada de azúcar
1 cucharada de pimienta negra
1 cucharada de chile California Molido u otra
    marca en polvo
1 cucharada de sal

Glaseado para el asado

$^1/_4$ de taza de azúcar
$^1/_4$ de taza de agua
3 cucharadas del condimento para el asado
    (ver arriba)

Salsa de papaya y manzana

5 manzanas *Granny Smith*, peladas y sin
    semillas
1 papaya pelada y sin semillas
2 tazas de jugo de manzana
$^1/_4$ de cucharadita de canela en polvo
$^1/_8$ de cucharadita de nuez moscada
2 cucharadas de azúcar moreno

Ensalada de maíz y arvejas

3 mazorcas tiernas, cocidas y desgranadas
$1^1/_2$ tazas de arvejas (guisantes) verdes, cocidas
    y remojadas en agua fría
3 cucharadas de cebolla roja picada
3 cucharadas de pimientón rojo seco, cortado
    en trozos de $^1/_4$ de pulgada
2 cucharadas de aceite vegetal

Sal y pimienta al gusto
4 filetes (de 7 onzas) de salmón
$^1/_2$ taza de condimento para el asado
$^1/_2$ taza de aceite vegetal
Tortas de papa (ver página 136)
Aderezo: Crema amarga y cebolletas

Para el **condimento** del asado, se mezclan bien todos los ingredientes. Para el **glaseado**, se hierven el azúcar, el agua y 3 cucharadas del condimento y luego se cocinan a fuego lento unos 15 minutos más o hasta que tenga una consistencia de miel.

Para la **salsa de papaya y manzana**, se cocinan todos los ingredientes a fuego medio hasta que la fruta esté blanda, se cuela, y con la fruta se hace un puré que no quede demasiado suave.

Para la **ensalada de maíz y arvejas** se combinan todos los ingredientes, se tapan y se refrigeran.

En una plancha de hierro caliente se sella el salmón por ambos lados unos 2 minutos. Se hornea luego en el horno precalentado a 375°F de 3 a 4 minutos. Se le unta el glaseado y se mete de nuevo al horno 3 a 4 minutos, sin voltearlo.

Para servir, en un plato se acomodan el salmón, las **tortas de papa** y la ensalada. La salsa se sirve aparte. Las papas se aderezan con crema amarga y cebolletas. Rinde 4 porciones.

PEZ ESPADA EN SALSA
DE MANGO Y PIMIENTO PICANTE

Mark Militello del Mark's Las Olas

Salsa de mango y pimiento Scotch Bonnet (picante)

- 2 pimentones verdes, partidos a la mitad y sin semillas
- 2 pimentones rojos, partidos a la mitad y sin semillas
- 4 tomates frescos pelados, partidos a la mitad y sin semillas
- 3 mangos maduros, pelados y partidos en trozos
- 1 cebolla picada
- 2 cucharadas de ajo triturado (4 a 5 dientes)
- 2 pimientos *Scotch Bonnet* cortados a la mitad
- $^3/_4$ de taza de vinagre de manzana
- 1 taza de azúcar moreno
- $^1/_4$ de taza de molasas
- $^1/_4$ de taza de mostaza tipo Dijon
- $^1/_4$ de taza de pulpa de tamarindo
- 2 cucharadas de canela
- 1 cucharada de cominos
- 1 cucharada de hojas de tomillo
- 1 cucharada de mejorana
- Sal y pimienta negra molida en casa
- 1 taza de agua

- 4 filetes de pez espada (de 8 onzas)
- Aceite de oliva
- Sal y pimienta negra molida en casa
- 2 chayotes, cortados en tajadas de $^1/_4$ de pulgada

Mantequilla de aguacate

- 2 aguacates maduros
- Zumo de $^1/_2$ limón de cáscara amarilla
- $^1/_4$ de taza de aceite extra virgen
- Sal y pimienta negra molida en casa

Para hacer la **salsa** se combinan todos los ingredientes en una sartén no reactiva y se cocinan a fuego lento 1 hora. Se dejan reposar un poco y se licúan o pasan por un colador. Se le echa sal y pimienta al gusto.

Se unta el pescado de aceite de oliva y se espolvorea con sal y pimienta.

Para preparar la **Mantequilla de aguacate**, se corta el aguacate en dos y se saca la pulpa. Se licúa con el jugo de limón y se va virtiendo el aceite de oliva en un chorrito. Se sazona luego con sal y pimienta.

Se prenden los carbones. Luego se untan los chayotes de aceite de oliva y se doran a la brasa a fuego medio. Luego se colocan los filetes y mientras se asan se les va untando la salsa.

Para servir, se colocan los pedazos de chayote formando un círculo alrededor del plato, y el pescado en el centro. Cada filete se adereza con una cucharada de mantequilla de aguacate y se sirve inmediatamente. Rinde 4 porciones.

WAHOO A LA PLANCHA
CON ESTOFADO DE CARACOL AL CURRY

Jan Jorgensen y Soren Bredahl de Two Chefs Cooking

El pez caballa, conocido por el simpático nombre de wahoo, es uno de los peces más rápidos del océano. Para esta receta, se puede sustituír con el pez espada o la lobina de mar. Se acompaña con caracol picado finamente, ya que su carne es dura, y verduras en un curry de leche de coco.

    4 filetes de wahoo (de 8 onzas)
    Aceite de oliva
    Albahaca fresca
    1 manojo de cañasanta picada
    Sal y pimienta

Estofado de caracol al curry
    Aceite
    1 libra de carne de caracol picada
    1 zanahoria picada
    1 cebolla picada
    1 tallo de apio picado
    Granos de 1 mazorca de maíz
    2 cucharadas de pasta del curry de la India
    1 taza de caldo de pollo
    1 lata de leche de coco de $14^1/_2$ onzas
      (como 2 tazas)
    2 tomates, pelados, sin semillas y picados
    2 cucharadas de romero fresco picado
    2 cucharadas de tomillo fresco picado
    Aderezo: $^1/_4$ de taza de perejil fresco picado

Se cubre la superficie de una bandeja lo suficientemente grande para el pescado con aceite de oliva; se colocan la albahaca y la cañasanta y encima el pescado. Se deja marinando el pescado en el refrigerador de 5 a 6 horas, dándole vuelta a cada rato.

Para preparar el **estofado de caracol**, se calienta un poco de aceite a fuego medio-alto y se sofríe la carne de caracol unos 30 segundos. Se saca del aceite y allí mismo se sofríen la zanahoria, el apio, la cebolla y el maíz 5 a 6 minutos. Se añade la pasta de curry y se deja otro minuto; luego se echa el caldo de pollo y se cocina 5 minutos. Se agrega el caracol y se hierve de 2 a 3 minutos y luego se deja cocinar a fuego lento mientras se prepara el pescado.

Se preparan las brasas a fuego medio, se limpia la marinada del pescado, se sazona con sal y pimienta y se asa unos 4 a 5 minutos por cada lado, untando la marinada frecuentemente.

El estofado se sirve en platos de sopa y el filete se coloca encima. Se adereza con perejil picado. Rinde 4 porciones.

MERO AL VAPOR

Jonathan Eismann del Pacific Time

Este es un plato principal apetitoso y liviano. Los moldes refractarios individuales con tapa (de 8 a 10 pulgadas de diámetro y de al menos 1½ pulgadas de alto) son ideales para su cocción ya que permiten que cada invitado pueda gozar del aroma apenas se destapen. También se puede preparar en un molde grande y servirlo luego en platos individuales. El mero se puede sustituír por cualquier pescado vedijoso como el rodaballo o el lenguado.

3 cuchararadas de aceite de oliva extra virgen
6 cucharaditas de jengibre picado menudo
4½ tazas de tomates pelados, sin semillas y picados, con su jugo
1 taza de hojas de cilantro frescas
Sal marina de grano fino y pimienta blanca molida en casa
6 filetes de mero, de la carne del centro sin piel, de 1 a 1½ pulgadas de grueso
9 cucharadas de zumo de limón
3 cucharadas de zumo de limón de cáscara amarilla
12 cabezas de cañasanta rayadas
12 hojas del árbol de limón (opcional)
3 puerros grandes rayados
1½ cucharadas de perejil italiano picado
1½ cucharaditas de cáscaras de limón rayadas
1 taza de algas marinas japonesas (de venta en las tiendas japonesas)

Se esparce un poco de aceite de oliva y jengibre sobre el fondo de 6 moldes refractarios, se echa ¾ de taza de tomates en el centro y 2½ cucharadas de cilantro encima. Sal y pimienta al gusto. Se salan los filetes por ambos lados y se espolvorea un poco de pimienta sobre el lado con piel y se colocan encima con el lado con piel hacia abajo. Se mezclan los zumos y se vierten 2 cucharadas sobre cada uno. Se divide la cañasanta en partes iguales y se acomoda alrededor del mero y con dos hojas de limón. Se dividen los berros en ramos ordenados y se colocan encima de cada filete. Se tapan y sellan los moldes usando papel de aluminio.

Se coloca cada molde sobre el fogón a fuego alto 1 minuto y se hornean luego 20 minutos en el horno precalentado a 425°F. Se sacan del horno y se dejan reposar sin destaparlos 4 minutos.

Se mezcla el perejil y la cáscara de limón y se dividen en partes iguales; se destapa cada molde y se espolvorea rápidamente. Luego se colocan 2½ cucharadas de algas al lado del pescado, se tapan los moldes de nuevo y se colocan sobre el fogón a fuego alto 1 minuto. Se sirven inmediatamente.

Para servir, se colocan servilletas sobre cada plato y encima los moldes. Rinde 6 porciones.

SALMONETE FRITO
CON PAPILLA DE CHORIZO Y QUESO

SALMONETE FRITO

Se dice que en La Florida la pesca no sólo es popular, sino que nadie tiene que viajar más de 10 millas para poder hacerlo. Los salmonetes son una especie de siluros pequeños de 6 a 8 pulgadas de largo que abundan en el lago Ockeechobee del sur de La Florida. Si no se encuentran los salmonetes, se pueden sustituír por barbos o filetes de siluro. Se cocinan enteros sin la cabeza y se fríen unos pocos a la vez. La combinación de salmonetes fritos y papilla de queso y chorizo son una comida informal excelente.

  1$^1/_2$ libras de salmonetes, sin cabeza, lavados
     o 1 libra de siluro cortado en tiras de 1
     pulgada de largo
  1 taza de leche
  $^3/_4$ de taza de harina de maíz
  $^3/_4$ de taza de harina de trigo
  2 cucharaditas de sal
  1 cucharadita de pimienta negra molida en
     casa
  1 cucharadita de cayena
  $^1/_2$ cucharadita de paprika
  Aceite vegetal para freír

Se enjuagan los salmonetes y se escurren. Luego se colocan en una vasija y se cubren con leche. En otro recipiente se mezclan las harinas, la sal, la pimienta y la paprika. A fuego medio se calientan 2 pulgadas de aceite, se enharinan los salmonetes en la mezcla y se doran unos 4 a 5 minutos por cada lado. Se sacan sobre toallas de papel.

PAPILLA DE CHORIZO Y QUESO

  1 taza de papilla de maíz (*grits*) cruda
  1 chorizo de 3 onzas
  $^2/_3$ de taza de pimentón rojo picado
  $^3/_4$ de taza de cebolla picada
  2 dientes de ajo triturados
  $^3/_4$ de taza de queso *Cheddar* fuerte rayado
  $^1/_2$ cucharadita de cilantro picado
  $^1/_4$ de cucharadita de pimienta negra
  $^1/_4$ de cucharadita de comino molido
  $^1/_4$ de cucharadita de Tabasco u otra salsa picante
  3 cucharadas de mantequilla

La papilla de maíz o *grits* se cocina de acuerdo a las instrucciones del empaque y se conserva tibia. Se le quita la piel al chorizo y se cocina en una sartén de teflón 5 minutos, partiendo la carne en trocitos con un tenedor. Se añaden el ajo, la cebolla y el pimentón y se continúa la cocción unos 10 minutos más. Esta mezcla se le añade a la papilla junto con los demás ingredientes. Toda la mezcla se coloca en un molde de medio galón y se hornea sin tapa a 350°F unos 20 minutos.

Se deja reposar 5 minutos antes de servir. Rinde 4 porciones.

PARGO ROJO CON CHAMPIÑONES

Allen Susser del Chef Allen's

El sabor del pargo rojo se realza con la variedad de champiñones silvestres y secos en polvo que se encuentra en supermercados y tiendas de comestibles orientales.

4 filetes de pargo rojo de 6 onzas c/u
3 cucharadas de champiñones en polvo
(ver nota)
1½ cucharaditas de sal gruesa
1 cucharadita de pimienta negra molida
en casa
3 cucharadas de aceite de oliva
2 cucharadas de ascalonias picadas
2 tazas de champiñones silvestres picados
(*Shiitakes*, ostras o *Portobellos*)
½ cucharadita de ajo triturado
½ taza de vino *Pinot Noir*
½ taza de caldo de pescado o caldo de almejas
1 cucharada de cebolletas picadas

Se limpian y se sacan las espinas del pescado. Se mezclan los champiñones en polvo, ½ cucharadita de sal y ¼ de cucharadita de pimienta y se cubre la superficie del pescado con esta mezcla por ambos lados.

Se calientan 2 cucharadas de aceite de oliva y se dora bien el pescado, 2 minutos por cada lado. Se saca en una bandeja grande y se conserva caliente.

Se agrega la otra cucharada de aceite de oliva a la sartén y se sofríen las ascalonias, luego se echan los champiñones y se sofríen 2 minutos más. Se añaden el ajo, el vino y el caldo de pescado y se cocina unos 2 a 3 minutos o hasta que el líquido se reduzca a la mitad. Se echan las cebolletas y sal y pimienta al gusto.

Para servir se vierte la salsa alrededor del pescado. Rinde 4 porciones.

Nota: Para preparar los champiñones en polvo se compran secos (6 onzas) y se pulverizan en un procesador de alimentos de cuchilla. Su textura quedará parecida a la de la harina de maíz, pero un poco más tosca. Si sobra se puede guardar para otras ocasiones.

PARGO DE COLA AMARILLA
EN SALSA DE MAÍZ Y CALABACÍN

Paul Gjertson del Deering Bay Yacht & Country Club

El pargo de cola amarilla es un delicioso pescado de carne blanca con una raya amarilla en el lomo, muy abundante en Los Cayos; su carne es muy delicada y por lo tanto se deben usar condimentos suaves. En esta receta se sirve con salsa de maíz y calabacín, salsa de yogurt y papas dulces. Para darle una apariencia profesional, se coloca la salsa de yogurt en una botella plástica con tapa en forma de cono para exprimirla sobre el pescado formando zigzag.

Salsa

    1 cebolla roja mediana picada
    1 cucharada de azúcar
    1 taza de vinagre de vino rojo
    Sal y pimienta
    1 calabacín mediano (la parte verde) picado
    2 mazorcas de maíz tierno a la brasa y
      desgranadas
    1 cucharada de aceite de oliva

Salsa de yogurt

    1 cucharada de cilantro picado
    1 taza de yogurt descremado
    1 cucharadita de zumo de limón de cáscara
      amarilla
    $1/2$ habanero u otro pimiento, sin semillas

Papas dulces

    1 papa dulce pelada y rayada
    4 tazas de aceite de canola

Pargo de cola amarilla

    1 cucharada de mantequilla
    4 filetes de colamarilla de 6 onzas con piel
    Sal y pimienta
    1 taza de harina de trigo
    $1/4$ de taza de aceite de oliva

Para la **salsa** se mezclan la cebolla, el azúcar y el vinagre y se dejan marinar 30 minutos; luego se cuela y se agregan el calabacín y los granos de maíz. Se condimenta con sal y pimienta y se sofríe a fuego medio en el aceite de oliva caliente hasta que el calabacín esté blando.

Para la **salsa de yogurt** se licúan todos los ingredientes, se envasan en la botella plástica y se refrigeran. Para preparar las **papas dulces**, se calienta el aceite a 375°F y se fríen hasta que queden crocantes; se sacan en toallas de papel y se sirven calientes.

El **pargo** se aliña con sal y pimienta y se enharina. Se calienta el aceite a fuego medio, se agrega la mantequilla y se fríen los filetes por ambos lados (la piel hacia abajo primero), no más de 5 minutos en total, hasta que queden crujientes.

Para servir, se divide la salsa en 4 platos, se coloca el filete encima y se le exprime el yogurt en forma de zigzag. Se adereza con las papas dulces fritas. Rinde 4 porciones.

ALMEJAS DE LA FLORIDA
AL VAPOR CON ESPECIAS DEL PACÍFICO

Jonathan Eismann del Pacific Time

Este sabroso estofado de mariscos de concha se sazona con especias fuertes y se puede preparar en grandes cantidades.

$^1/_2$ taza de sake *Rocky Mountain* u otro sake seco
$^1/_4$ de taza de zumo de limón de cáscara amarilla
24 hojas del árbol de limón (opcional)
1 cucharada de pasta de curry rojo tailandés
3 cucharadas de paprika húngara dulce
1 cucharada de curry en polvo
1 cucharadita de chili negro en polvo
$^1/_2$ cucharadita de sal
60 almejas frescas y lavadas
3 tazas de tomates frescos pelados, sin semillas y picados
$^1/_2$ taza de ascalonias picadas (sólo la parte verde)
6 dientes de ajo triturados
1 cucharada de jengibre fresco picado
Ramas del árbol de limón
1 taza de hojas de cilantro

En una sartén mediana se mezclan el sake, el zumo y hojas de limón, el curry en pasta y en polvo, la paprika, el chili y la sal. Se agregan las almejas y se tapan. Se cuecen a fuego alto hasta que las conchas se abran, más o menos 5 minutos después del primer hervor. Las almejas se sirven en 4 platos hondos y al caldo caliente se le agregan los tomates, las ascalonias, el ajo y el jengibre. Este caldo luego se vierte con un cucharón sobre las almejas y se adereza con hojas o ramas de limón y cilantro. Rinde 4 porciones.

PICADILLO

Doug Shook del Louie's Backyard

Este es un plato español tradicional que se puede servir en platos hondos con una cucharada de crema amarga o con frijoles negros y arroz blanco. También es un gran aperitivo con tortillas fritas. Los conocedores de la cocina norteamericana clásica le encontrarán un gran parecido con el *Sloppy Joes*.

1 libra de carne molida sin grasa
1 cucharada de aceite de oliva
2 dientes de ajo triturados
1 taza de cebolla picada
1 taza de pimentón rojo picado
1 pimiento jalapeño, sin semillas y picado
1 lata de 28 onzas de tomates cereza picados y en su jugo
5 cucharadas de alcaparras
5 cucharadas de grosellas o uvas pasas de Corinto
3 cucharadas de vinagre de manzana
3 cucharadas de azúcar moreno
1 cucharada de chili en polvo
1$\frac{1}{2}$ cucharaditas de comino molido
1 cucharadita de canela en polvo
1 cucharadita de orégano seco
$\frac{1}{4}$ de cucharadita de clavos molidos
$\frac{1}{4}$ de taza de perejil italiano picado
$\frac{1}{4}$ de taza de cilantro picado
Sal y pimienta negra molida en casa

Se dora la carne en una sartén honda a fuego medio-alto y luego se cuela la grasa. Se vierte el aceite de oliva en la sartén, se reduce el fuego a medio y se sofríen el ajo, la cebolla y los pimientos. Se echa de nuevo la carne y se agregan los demás ingredientes, exceptuando las hierbas frescas. Se deja hervir y luego se conserva destapada a fuego lento unos 30 minutos. Debe quedar de la consistencia de un chili espeso. Se agregan las hierbas y se cocina otros 5 minutos. Se sazona con sal y pimienta al gusto. Rinde 4 porciones.

COSTILLAS A LA BRASA

Es increíble la cantidad de recetas a la brasa que hay y más increíble aún, lo deliciosas que son todas. Si se hierven las costillas antes de asarse, se diluye la grasa, se acorta el tiempo de la parrilla y quedan más crujientes. A muchos les encanta acompañarlas de una cerveza helada.

8 libras de costillas de cerdo con bastante carne
2 latas (de 8 onzas) de salsa de tomate
2 tazas de caldo de carne
$^1/_4$ de taza de vinagre
1 cebolla picada
3 cucharadas de salsa Worcestershire
3 cucharadas de azúcar moreno
3 dientes de ajo triturados
2 cucharadas de zumo de limón
2 cucharaditas de mostaza en polvo
2 o 3 cucharadas de chili en polvo
1 cucharadita de semillas de apio
1 cucharadita de sal
$^1/_4$ de cucharadita (o al gusto) de salsa de pimiento picante

Se corta la grasa de las costillas y se hierven tapadas 20 minutos. Se sacan y se dejan enfriar.

Mientras tanto, se mezclan y se hierven la salsa de tomate, el caldo de carne, el vinagre, la cebolla, la salsa Worcestershire, el azúcar moreno, el ajo, el zumo, la mostaza, el chili, las semillas de apio y la sal en una sartén y apenas alcanzen el primer hervor, se baja el fuego y se cocinan 30 minutos.

Se preparan las brasas y se asan las costillas a fuego alto unos 30 minutos o hasta que estén blandas y doradas; hay que untarlas de salsa y voltearlas constantemente. (Para asarlas en el horno, se colocan en una bandeja y se cubren generosamente con la salsa. Se hornean a 400° F unos 45 a 60 minutos). Rinde 8 porciones.

CHULETAS DE TERNERA A LA MONGOLESA

Norman Van Aken del Norman's

Marinada mongolesa

6 dientes de ajo
2 cucharaditas de jengibre fresco picado
2 cucharadas de ascalonias picadas
2 cucharadas de hojas de cilantro picadas
$1/2$ taza de vinagre de jerez
$1/4$ de taza de salsa hoisin
$1/3$ de taza de salsa de soya
$1/3$ de taza de aceite de ajonjolí oscuro
$1/3$ de taza de salsa de ciruelas
$1/2$ taza de trocitos de maní, estilo español
2 cucharadas de aceite de chili picante
$1/3$ de taza de miel de abejas
$1/3$ de taza de salsa de chili picante Sriracha

Tintura picante de tamarindo y soya

$1/2$ taza de caldo de pollo
5 cucharadas de salsa de soya
$1/4$ de taza de azúcar moreno
$1/4$ de taza de vinagre de vino de arroz
2 cucharadas de pulpa de tamarindo
2 cucharadas de molasas
2 cucharadas de ajo triturado
2 pulgadas de cañasanta picada
1 cucharada de cáscara de naranja rayada
2 pimientos *Scotch Bonnet* sin semillas
   y picados
1 cucharada de hojas de cilantro a medio picar
2 cucharaditas de salsa de chili picante
   Sriracha
Pimienta negra en grano al gusto

Salsa para la ensalada

$1/3$ de taza de vinagre de vino de arroz

2 cucharadas de mirín
$2/3$ de taza de aceite de canola
1 pedazo de jengibre fresco de 1 pulgada,
   pelado y triturado
Pimienta negra en grano al gusto

6 chuletas de ternera de 12 a 14 onzas c/u,
   sin la grasa
6 berenjenas japonesas
Sal y pimienta molida en casa
Aceite de oliva
6 puñados pequeños de hojas verdes para
   ensalada (*mesclun*)

En una vasija no reactiva se mezclan bien los ingredientes de la **marinada**, se empapan las chuletas y se marinan de 6 a 12 horas, tapadas y en el refrigerador.

Los ingredientes del la **tintura picante** se cocinan en a fuego medio hasta que espesen lo suficiente para cubrir la superficie de una cuchara, se cuela y el tinte se conserva tibio.

Se mezclan bien los ingredientes de la **salsa de ensalada**, se tapan y se refrigeran.

Se prepara una buena llama con el carbón. Se cortan las berenjenas en tajadas al sesgo, se condimentan con sal y pimienta, se untan de aceite de oliva y se colocan sobre la parrilla junto con las chuletas. Se vierte la salsa de ensalada sobre las hojas verdes y se sirven junto con las chuletas y las berenjenas. Se rocían todos los alimentos con la tintura picante. Rinde 6 porciones.

CAZUELA DE CABRA
Y LANGOSTA DE LA FLORIDA

Jan Jorgensen y Soren Brendahl del Two Chefs Cooking

Aunque no parezca que la cabra y la langosta formen una pareja sabrosa, la verdad es que en este plato fuerte combinan estupendamente. Si se utiliza la langosta de Maine, se debe usar también la carne de las patas. Las cazuelas de cerámica son ideales para hornear y servir este plato. La carne de cabra se consigue en los mercados italianos, cubanos, puertorriqueños y otras carnicerías, especialmente para la época de pascua.

$1/_2$ taza de blanquillos o frijoles blancos *Great Northern*, remojados durante la noche
Aceite de oliva
$1^1/_2$ libras de carne de cabra, cortada en cubos de $^3/_4$ de pulgada
2 zanahorias en rodajas
3 tallos de apio en rodajas
1 cebolla española en rodajas
5 dientes de ajo triturados
3 hojas de laurel
3 ramas de romero
3 espigas de tomillo
1 taza de vino rojo
2 tazas de caldo de ternera (hecho en casa o de lata)
Sal y pimienta molida en casa
2 langostas de La Florida blanqueadas en agua hirviendo

Se cuelan los blanquillos y se cocinan en agua fresca $1^1/_2$ horas o hasta que estén blandos y se cuelan de nuevo.

En una plancha se calienta un poco de aceite a fuego medio-alto y se doran las chuletas por todos los lados. En la misma plancha se sofríen las zanahorias, el apio y la cebolla hasta que estén blandos pero no dorados. Se acomodan la carne y los vegetales en un molde de hornear, se añade el ajo, el laurel, las hierbas, el vino, el caldo, los blanquillos, sal y pimienta y se mezclan, tapan y hornean a 350°F 1 hora.

Mientras tanto se extrae la carne de las colas de las langostas y se corta cada una en 3 pedazos.

Se saca la cazuela del horno, se agrega la langosta, se tapa y se hornea unos 15 minutos más. Se sirve en platos de sopa grandes. Rinde 6 porciones.

POLLO EN MOJO A LA PARRILLA

Norman Van Aken del Norman's

En esta receta las pechugas de pollo se marinan en mojo, que es una salsa cubana de ajo y cítricos, y se acompañan con plátanos acaramelados y ensalada.

4 pechugas de pollo
Mojo (página 31)

Plátanos

$\frac{1}{4}$ de cucharadita de sal
1 cucharadita de pimienta negra en grano
$\frac{1}{2}$ cucharadita de cominos tostados y molidos
$\frac{1}{4}$ de cucharadita de canela molida
2 plátanos bien maduros, pelados y en tajadas al sesgo de $\frac{1}{2}$ pulgada
Aceite vegetal para freír

Vinagreta de cítricos

$\frac{1}{4}$ de taza de jugo de naranja
$\frac{1}{4}$ de taza de aceite de canola
1 cucharadita de miel de abejas
1 cucharadita de salsa de soya
Sal y pimienta en grano fresca

Ensalada

2 mangos maduros pelados y en cubos medianos (1 taza)
1 aguacate maduro pelado y en cubos medianos (1 taza)
Vinagreta de cítricos (ver arriba)
2 puñados grandes de hojas verdes de ensalada (mesclun)
1 pizca de sal y pimienta

$\frac{1}{2}$ taza de anacardos sin sal, bien tostados (opcional)
4 cascos de limón de cáscara amarilla

Se combinan los ingredientes de la marinada, se marina el pollo, se tapa y se refrigera (puede marinarse hasta 3 horas antes del asado).

Para los **plátanos** se mezclan la sal, la pimienta y el comino y se espolvorean sobre un lado de las tajadas. Se doran por ambos lados en $\frac{1}{8}$ de pulgada de aceite, unos 3 a 5 minutos, a fuego medio-alto, el lado sazonado hacia abajo primero. Se sacan sobre toallas de papel y se sirven calientes.

Se mezclan bien los ingredientes de la **vinagreta**, se cubren y se refrigeran. Para la **ensalada** se combinan el mango y el aguacate y se les vierte 4 cucharadas de vinagreta por encima, se cubren y se refrigeran (puede hacerse 1 hora antes de servir).

Se doran las pechugas al carbón o a la plancha de 6 a 8 minutos, volteándolas constantemente.

Se sirven el pollo y los plátanos en el centro del plato y el mango y el aguacate alrededor. Se vierte el resto de la salsa sobre la lechuga, sazonándola con sal y pimienta al gusto y se coloca sobre el pollo. Se adereza con los anacardos y un casco de limón y se sirve inmediatamente. Rinde 4 porciones.

POLLO A LA PARRILLA CON ARROZ NARANJA

POLLO A LA PARRILLA

Los asados son uno de los pasatiempos favoritos en el sur de La Florida, y se puede gozar de ellos durante todo el año. Como el tiempo de cocción es diferente para el pollo que para las verduras, se colocan en pinchos separados. Los pinchos de bambú se deben dejar en remojo unos 30 minutos para que no se quemen.

$\frac{1}{4}$ de taza de vinagre de tarragona
3 cucharadas de zumo de limón
$\frac{3}{4}$ de taza de aceite vegetal
2 dientes de ajo triturados
1 cucharada de romero seco triturado
Sal y pimienta molida en casa
$1\frac{1}{2}$ libras de muslos de pollo deshuesados y sin piel, cortados en trozos de $1\frac{1}{2}$ pulgadas
1 cebolla cortada en 6 trozos
1 calabaza amarilla cortada en rodajas de $\frac{1}{2}$ pulgada
1 calabacín cortado en rodajas de $\frac{1}{2}$ pulgada
1 pimentón verde cortado en 6 trozos
1 pimentón amarillo cortado en 6 trozos
1 pimentón rojo cortado en 6 trozos
6 champiñones medianos
6 tomates cereza

Se mezclan bien el vinagre, el zumo y el aceite. Se agregan el ajo, el romero, la sal y la pimienta al gusto y esta vinagreta se vierte sobre el pollo y las verduras. Se cubren y se refrigeran durante 30 minutos, rociándolos con la vinagreta de vez en cuando.

Se prepara el carbón o la plancha y se insertan el pollo y las verduras en los pinchos remojados previamente. Se doran en la parrilla volteándolos frecuentemente y untándoles la vinagreta, unos 6 a 8 minutos para las verduras y hasta 10 para el pollo. Rinde 6 porciones.

ARROZ NARANJA

Después del turismo, los cítricos son la industria más productiva de La Florida, negocio que ha venido prosperando desde 1565. Como las diferentes variedades de cítricos crecen por todo el estado, no es de asombrarse que estén presentes en todas las recetas culinarias.

1 taza de agua
1 taza de zumo de naranja (3 naranjas)
La cáscara rayada de una naranja
1 cucharada de mantequilla
$1\frac{1}{2}$ tazas de arroz blanco de grano largo
$\frac{1}{4}$ de cucharadita de sal
$\frac{1}{8}$ de cucharadita de pimienta blanca

Se hierven el agua, el zumo, la cáscara rayada y la mantequilla. Se echan el arroz, la sal y la pimienta, revolviendo unos 30 segundos. Se tapa y se cocina a fuego lento de 15 a 20 minutos, o hasta que el arroz esté blando y seco. Se sirve caliente. Rinde 4 porciones.

ARROZ CON POLLO PUERTORRIQUEÑO

Carmen González

Esta versión puertorriqueña de arroz con pollo lleva frijoles rojos y calabaza, los cuales se cocinan por separado. Los plátanos acaramelados son un acompañamiento perfecto para este plato.

Frijoles rojos

1 libra de frijoles rojos remojados durante la noche
$2^1/_2$ cuartos de agua
2 cucharaditas de sal
2 cucharadas de sofrito (ver página 31)
Adobo (ver página 31)
$^1/_4$ de taza de salsa de tomate
1 corvejón de cerdo ahumado
1 hoja de laurel
$^1/_4$ de libra de calabaza, cortada en trozos de $^1/_4$ de pulgada
1 cucharadita de sal
$1^1/_2$ cucharaditas de pimienta negra

$^1/_4$ de taza de aceite de oliva extra virgen
1 pollo de $3^1/_2$ libras, cortado en 8 porciones y marinado con adobo al menos 45 minutos
Sofrito (ver página 31)
$^2/_3$ de taza de vino blanco
$^1/_4$ de taza de salsa de tomate
2 hojas de laurel
3 tazas de caldo de pollo
$2^1/_4$ tazas de arroz de grano pequeño
Sal y pimienta
Plátanos acaramelados (ver página 136)

Se hierven los frijoles en agua y sal. Se tapan y se dejan cocinar a fuego lento unos 45 minutos hasta que estén blandos y luego se cuelan. Se calienta el aceite de oliva a fuego medio y se cocinan 2 cucharadas de sofrito 10 minutos. Se echan la salsa de tomate, el laurel, el corvejón, la calabaza, los frijoles, la sal y la pimienta; se cubren con suficiente agua y se dejan hervir. Se reduce la candela a fuego medio-bajo y se dejan cocinar 30 minutos.

Se calienta el aceite de oliva a fuego medio y en éste se dora el pollo; se agrega el sofrito que queda y se cocina 10 minutos. Se añaden el vino, la salsa de tomate, el laurel y el caldo de pollo y se dejan hervir. Se echa el arroz y se continúa cocinando sin tapa unos 10 a 15 minutos. Se baja la candela y se revuelve bien de manera que el arroz del fondo quede arriba y viceversa. Se tapa y se cocina unos 20 a 30 minutos, revolviendo una vez más durante este período.

Se sirve el arroz con pollo en la mitad del plato, los frijoles alrededor y los plátanos como segundo plato. Rinde 6 porciones.

CODORNIZ RELLENA CON PLÁTANOS

Efraín Veiga del Yuca

Bollos de maíz

2 tazas de harina de trigo
2 tazas de harina de maíz
6 cucharadas de azúcar
2 cucharaditas de polvo de hornear
$\frac{1}{2}$ cucharadita de sal gruesa
4 huevos
3 tazas de leche
1 taza de mantequilla derretida (sin sal)
2 cucharaditas de aceite vegetal

Relleno

2 plátanos maduros pelados y cortados en trozos
6 onzas de chorizo en rodajas
2 ascalonias grandes picadas
1 manojo de espinacas sin tallos (3 onzas)
Sal y pimienta

Salsa

2 cucharadas de aceite vegetal
2 ascalonias grandes picadas
1 diente de ajo picado
3 onzas de champiñones *black trumpet*
2 tazas de vino rojo
$\frac{1}{4}$ de galón de caldo de pollo

8 codornices (de 4 onzas) lavadas
Sal y pimienta molida en casa
4 espigas de romero frescas
8 bollos de maíz (ver arriba)

Para los **bollos,** se precalienta el horno a 325° F. Se engrasa una bandeja de horno de $6\frac{1}{2}$ por $10\frac{1}{2}$ pulgadas. Se mezclan bien los ingredientes secos y se van agregando los huevos uno a uno, batiendo cada vez; se vierten la leche, la mantequilla derretida y el aceite. Se esparce la masa en la bandeja y se hornea unos 25 minutos o hasta que esté dorada. Con un cortagalletas se cortan los bollos redondos.

Para el **relleno** se calienta el horno a 350° F. Con un tenedor se hace un puré con el plátano y se hornea unos 10 minutos. Se cocina el chorizo por 3 minutos. Se agregan las ascalonias y se dejan otros 2 minutos; después las espinacas y se cocina otros 3 minutos, sin la grasa, se mezclan con los plátanos y se sazona con sal y pimienta al gusto.

Para la **salsa** se calienta el aceite a fuego medio y se sofríen las ascalonias y el ajo; luego se echan los champiñones y se cocinan unos 3 o 4 minutos. Se vierten el vino y el caldo de pollo y se deja hervir hasta que la salsa se reduzca a la mitad (2 tazas).

Se sazonan las codornices por dentro y por fuera con sal y pimienta y se rellenan. Se atan las patas del ave con una cuerda y se doran en el horno precalentado a 400° F unos 12 minutos. Se sirven dos codornices y dos bollos en cada plato. La salsa se vierte alrededor y se adereza con el romero. Rinde 4 porciones.

CUSCUS CON PLÁTANO AL HORNO

Allen Susser del Chef Allen's

Verdes o maduros, los plátanos se cocinan antes de comerse, y su sabor varía desde almidonoso, esponjoso como la papa, hasta un sabor dulce y acaramelado. Para esta receta se sugiere el plátano casi maduro.

> 4 plátanos amarillos medianos
> 2 cucharadas de aceite de oliva
> 3 cucharadas de cebolla dulce picada
> 2 tazas de calabaza o *pumpkin* picada
> $1^1/_2$ cucharadas de sal gruesa
> 1 taza de jugo de naranja
> 2 tazas de agua fría
> 1 lata de garbanzos de 15 onzas, sin su jugo
> 2 tazas de cuscus instantáneo
> $^1/_4$ de taza de ascalonias picadas
> $^1/_4$ de taza de cilantro picado
> $1^1/_2$ cucharaditas de escamas de pimentón rojo
> $^1/_4$ de cucharadita de canela en polvo
> 2 cucharadas de aceite de oliva extra virgen
> 4 cucharadas de almendras cortadas y tostadas

Se precalienta el horno a 350°F y se hornean los plátanos con cáscara en una bandeja unos 30 a 35 minutos o hasta que estén blandos.

Para el **cuscus** se calienta el aceite de oliva a fuego medio y se sofríen las cebollas unos 5 minutos. Se echan la calabaza, la sal, el jugo de naranja y el agua y se dejan cocinar durante 5 minutos o hasta que estén blandas; luego se mezclan los garbanzos. Se guardan 6 onzas de la mezcla para el aderezo. Se agrega el cuscus, se baja del fuego y se echa en una vasija no reactiva, se tapa con un plástico y se deja reposar unos 10 minutos. Se quita el plástico y se echan las ascalonias, el cilantro, el pimentón, la canela y el aceite de oliva y se revuelve ligeramente con dos tenedores grandes. Se tapa y se deja reposar otros 10 minutos; se revuelve ligeramente de nuevo antes de servirse.

Se pelan los plátanos y se cortan en tajadas diagonales de 2 pulgadas, se hornean a máxima temperatura por unos minutos hasta que estén acaramelados.

Se acomodan 3 tajadas de plátano en el fondo de una cazuela o molde de 3 pulgadas de diámetro y $2^1/_2$ de altura, se les echa la mezcla del cuscus encima y luego más plátanos en forma de abanico. Se adereza con la mezcla guardada y las almendras. Se desmoldan sobre un plato llano. Rinde 4 porciones.

TOMATES RELLENOS CON *SUCCOTASH* AL CURRY

El *succotash* es un plato tradicional de los estados del sur y ha sido uno de los alimentos básicos de La Florida desde mucho antes que llegaran de los españoles a las Americas. Es una mezcla de habas con maíz del cual existen deliciosas y variadas recetas. En esta versión, los tomates sin su pulpa se rellenan de *succotash* al curry y se hornean en la parrilla. Aunque es preferible utilizar ingredientes frescos, para esta receta se pueden utilizar maíz y habas congeladas.

6 tomates grandes y maduros
Sal y pimienta
2 cucharadas de mantequilla
2 tazas de habas cocinadas
2 tazas de granos de maíz cocinados
**   (de 4 mazorcas)**
$^1/_4$ de taza de cebolla roja picada
1 pimentón amarillo picado
3 cucharadas de ascalonias picadas
4 cucharaditas de curry en polvo
$^1/_2$ taza de mitad crema y mitad leche

Se corta una tajada de la parte de arriba de cada tomate, como una sexta parte, y se extrae la pulpa. Se botan las semillas y la pulpa se corta en cubos. Se condimentan las conchas de los tomates con sal y pimienta y se dejan bocabajo unos 20 minutos para que terminen de escurrirse. A fuego moderado se derrite la mantequilla y se sofríen las habas, el maíz, la cebolla y el pimentón unos 8 minutos. Se añaden las ascalonias y el curry y se sofríe 2 minutos más. Se revuelve la crema de leche, la pulpa de tomate y 1 cucharadita de sal y se deja espesar a fuego medio cerca de 20 minutos.

Se colocan las conchas de los tomates en un molde engrasado, se rellenan con el succotash y se hornean en la parrilla de 4 a 5 minutos. Se sirven calientes. Rinde 6 porciones.

HABICHUELAS Y YUCA CON CEBOLLA

HABICHUELAS

Aunque los productos tropicales son los más conocidos del sur de Miami, las habichuelas son el producto más abundante durante el invierno. Estas son tan apetitosas frías como calientes.

3 tiras de tocineta magra, tostada y en trocitos
1 o 1$\frac{1}{2}$ libras de habichuelas despuntadas
6 cucharadas de aceite vegetal
3 cucharadas de zumo de limón
1 cucharada de ascalonias picadas menudo
6 a 8 tomates cereza cortados en mitades
1 cucharada de perejil picado menudo
Sal y pimienta molida en casa

Las habichuelas se hierven en poca agua; luego se tapan y se cocinan a fuego medio unos 6 a 8 minutos, hasta que queden blandas pero crocantes.

Se baten bien el aceite vegetal, el zumo y las ascalonias y se dejan reposar.

Se cocinan los tomates con las habichuelas unos 30 segundos, se cuelan y se enfrían en agua helada; se cuelan de nuevo y se colocan en un recipiente de servir.

Se vierte la vinagreta sobre las verduras; se espolvorean el perejil, la tocineta y la sal y pimienta al gusto. Rinde de 4 a 6 porciones.

YUCA CON CEBOLLA

1 yuca pelada, cortada en medias rodajas de 1$\frac{1}{2}$ pulgadas
$\frac{1}{4}$ de taza de aceite de oliva
1 cebolla cortada en trozos grandes
1 diente de ajo picado menudo
1 cucharadita de sal
$\frac{1}{4}$ de cucharadita de pimienta

Se hierven las yucas en 6 tazas de agua. Se cocinan unos 30 minutos o hasta que estén blandas, pero no deshechas.

Se calienta el aceite a fuego medio y se sofríen las cebollas y el ajo; pero sin dorarlos, unos 4 minutos.

Cuando la yuca esté blanda, se cuela y se le agregan el aceite, la cebolla y el ajo, se espolvorea con sal y pimienta y se revuelve ligeramente. Rinde 4 porciones.

HELADOS

HELADO DE MANGO

1$\frac{1}{2}$ tazas de azúcar
$\frac{1}{2}$ taza de agua
4 mangos maduros, pelados y en trozos
   (4 tazas)
2 cucharadas de zumo de limón
1 pizca de kirsch

Se hierven el agua y el azúcar para formar una miel y luego se deja enfriar. Se licúa el mango y luego se mezcla con la miel, el zumo y el kirsch. Se refrigera antes de vertirse en una heladera y se congela de acuerdo a las instrucciones correspondientes. Rinde 1$\frac{1}{4}$ cuartos.

HELADO DE MANDARINA

$\frac{1}{2}$ taza de azúcar
$\frac{1}{2}$ taza de agua
4 tazas de zumo de mandarina
   (12 mandarinas)
$\frac{1}{4}$ de taza de Grand Marnier
$\frac{1}{4}$ de taza de zumo de limón

Se hierven el agua y el azúcar para hacer una miel. Se deja enfriar. Se mezclan los otros ingredientes con la miel. Se enfría bien, se vierte en una heladera y se congela de acuerdo a las instrucciones correspondientes. Rinde 1$\frac{1}{4}$ cuartos.

HELADO DE NARANJA GREY ROSADA

$\frac{2}{3}$ de taza de azúcar
$\frac{2}{3}$ de taza de agua
1 taza de miel de maíz dietética
4 tazas de jugo de naranja grey rosada
   (4 frutas)
2 cucharadas de zumo de limón

Se hierven el agua y el azúcar, se mezcla luego con la miel de maíz y se deja enfriar. Se revuelven los demás ingredientes y se refrigera. Se vierte en una heladera y se congela de acuerdo a las instrucciones correspondientes. Rinde 1$\frac{1}{4}$ cuartos.

HELADO DE MELÓN

1 melón grande y maduro
$\frac{1}{3}$ de taza de azúcar
3 cucharadas de zumo de limón

Se corta el melón en cuartos, se botan las semillas, se pela y se corta en trozos. Estos se licúan y se miden 4 tazas del puré, descartando lo que sobre. Se licúan las 4 tazas de nuevo a velocidad rápida con el azúcar y el zumo. Se tapa y refrigera por una hora y luego se congela en una heladera de acuerdo a sus instrucciones. Rinde 1$\frac{1}{4}$ cuartos.

HELADO DE COCO

Claude Troisgros del Blue Door

Este es un postre refrescante y delicioso, y su receta es muy sencilla. El puré congelado de coco que se utiliza se puede encontrar en mercados que se especializan en productos de Latinoamérica o del Caribe.

Melado
$^3/_4$ de taza más 3 cucharadas de azúcar
1 taza de agua

1 lata de 1 libra de puré de coco congelado
$^1/_4$ de taza más 1 cucharada de agua
$^1/_4$ de taza más 3 cucharadas de melado

Para el **melado** se hierven el agua y el azúcar unos 5 minutos y luego se deja enfriar completamente. Una vez que esté frío, se mezcla el melado con el puré de coco y el agua; luego se vierte en la heladera y se congela de acuerdo a las instrucciones correspondientes. Rinde $1^1/_4$ cuartos.

TORTA DE MANGO Y CREMA AMARGA

Allen Susser del Chef Allen's

Esta es una torta decorada con frutas tropicales, y es deliciosa con el café del desayuno.

Streusel para el decorado y el relleno
$^1/_3$ de taza de azúcar morena pálida
2 cucharadas de azúcar blanca
1 taza de nueces o pacanas
$1^1/_2$ cucharaditas de canela
$^1/_2$ taza de harina de trigo sin cernir
4 cucharadas de mantequilla sin sal
$^1/_2$ cucharadita de extracto de vainilla

Masa
4 yemas de huevo
$^2/_3$ de taza de crema amarga
$1^1/_2$ cucharaditas de extracto de vainilla
2 tazas de harina de trigo cernida
1 taza de azúcar blanca
$^1/_2$ cucharadita de polvo de hornear
$^1/_2$ cucharadita de bicarbonato de soda
$^1/_4$ de cucharadita de sal
$^3/_4$ de taza de mantequilla sin sal
1 taza de mango en trozos de $^1/_4$ de pulgada

Se precalienta el horno a 350° F y se cubre con papel de hornear el fondo de un molde (de los que se separan) de 9 pulgadas y se engrasan sus paredes.

Para el **streusel** de la cubierta se licúan ligeramente el azúcar, las nueces y la canela. De esta mezcla se deja $^3/_4$ de taza para el relleno y al resto se le licúa por unos segundos con la harina, la mantequilla y la vainilla. La masa debe quedar arenosa.

Para la **masa**, se mezclan las claras de huevo con $^1/_4$ de la crema amarga y la vainilla. En otro recipiente se baten los ingredientes secos unos 30 segundos a baja velocidad y luego se echan la mantequilla y el resto de la crema y se bate hasta que la masa esté húmeda. Se sube la velocidad de la batidora a medio o si es de mano a alto, y se bate unos $1^1/_2$ minutos. Se raspan los lados y se va incorporando la mezcla de los huevos en tres tandas, batiendo unos 20 segundos después de cada una.

Se guarda $^1/_3$ de la masa y el resto se esparce homogéneamente sobre el molde. El tercio de relleno se espolvorea por encima, se acomodan los trozos de mango y luego se vierte el resto de la masa en cucharadas grandes sobre la fruta y se aplana.

Se hornea unos 55 a 60 minutos o hasta que, presionando la torta en el centro, ésta tome su forma inicial. Luego de 45 minutos en el horno se debe tapar con papel de aluminio engrasado para que no se dore demasiado. Se enfría sobre una parrilla y se terminan de desprender los lados con una espátula de metal. Rinde de 8 a 10 porciones.

EXQUISITO PASTEL DE LIMÓN DE LOS CAYOS

Este es el postre más famoso del sur de La Florida y Los Cayos. Existen muchas recetas distintas y la gente suele decir que mientras más alto el merengue del pastel, más rico sabe. Los conocedores insisten en que sólo su pasta lo hace auténtico, aunque muchos prefieren una pasta de galletas graham porque aseguran que se mantiene seca. Este pastel se debe servir bien frío.

Pasta

    2 tazas de harina de trigo
    $1^1/_4$ cucharaditas de sal
    $^3/_4$ de taza de grasa vegetal o *shortening*
    6 cucharaditas de agua helada

Relleno

    5 huevos, yemas y claras aparte
    1 lata de 14 onzas de leche condensada dulce
    $^2/_3$ de taza de zumo de limón de cáscara amarilla
    3 cucharadas de azúcar

Para la **pasta** se precalienta el horno a 425°F. Se mezclan la harina y la sal y con un cortador de galletas se presiona la harina con la grasa hasta que la masa quede granulada; se rocía luego con 5 cucharadas de agua y se forma una bola revolviendo con un tenedor. Se rocía un poco más de agua si se necesita.

Con esta masa y sobre una superficie enharinada, se forma un círculo de $^1/_8$ de pulgada de grueso, para cubrir un molde de 9 pulgadas de diámetro. Se dora en el horno unos 10 minutos y se deja enfriar.

Para el **relleno** se precalienta el horno a 350°F. Con una batidora se baten las yemas de huevo hasta que espesen y tengan un color pálido. Se continúa batiendo y se vierte la leche condensada y el zumo en un chorrito hasta que la mezcla esté suave. Se echa sobre la pasta y se hornea unos 15 minutos o hasta que el relleno esté firme.

Se baten las claras a un punto de nieve suave. Se agrega el azúcar y se sigue batiendo hasta obtener el punto de nieve firme. Se esparce el merengue sobre el pastel, cubriendo incluso la pasta para que no se baje al hornearse. Se hornea unos 5 a 7 minutos o hasta que el merengue esté dorado. Se deja enfriar a temperatura ambiente y luego se refrigera antes de servirse. Rinde de 6 a 8 porciones.

TORTA DE COCO CON PUDÍN DE LIMÓN

Esta maravillosa torta esponjosa y ligera de tres pisos es un postre tradicional de navidad en los estados del sur y es el mejor regalo para los amantes del coco.

$2^1/_2$ tazas de harina de trigo
1 cucharada de polvo de hornear
$^1/_2$ cucharadita de sal
1 taza de mantequilla derretida
2 tazas de azúcar
4 huevos, yemas y claras aparte
1 taza de leche de coco
Cubierta de los 7 minutos (ver página 31)
Coco rayado

Pudín de limón
$^1/_2$ taza de mantequilla
$1^1/_4$ tazas de azúcar
$^1/_2$ taza de zumo de limón de cáscara amarilla
1 cucharadita de cáscara de limón rayada
6 yemas de huevo

Se precalienta el horno a 350°F y se engrasan y enharinan 3 moldes de torta de 9 pulgadas.

Se ciernen juntas la harina, el polvo de hornear y la sal. Se creman la mantequilla y el azúcar y se van añadiendo las yemas una a la vez, batiendo después de cada una. Se añaden los ingredientes en polvo en tres tandas, alternando con la leche de coco y comenzando con la harina.

Se baten las claras hasta que estén firmes y se incorporan ligeramente en la mezcla con una espátula. Esta mezcla se vierte en los moldes.

Se hornean unos 25 minutos o hasta que las superficies tomen su forma original al presionarlas en el centro con el dedo, o cuando un palillo salga limpio. Se enfrían 10 minutos antes de desmoldarlas y luego se dejan enfriar completamente.

Para el pudín se mezcla la mantequilla, el azúcar y el zumo y se cocinan a fuego medio hasta que el azúcar se disuelva. Se añaden la cáscara de limón y las yemas una a una, batiendo constantemente y sin dejar que hierva. Se continúa batiendo hasta que la mezcla esté espesa y suave, unos 15 minutos. Se deja enfriar antes de usarse.

Para armar la torta, se esparce el pudín entre las tres capas y luego se cubre la superficie y los lados y se espolvorean con coco rayado. Rinde de 12 a 16 porciones.

ESPONJADO DE LIMÓN
CON DULCE DE KUMQUAT

Christophe Gerard del Twelve Twenty del Hotel Tides

Dulce de kumquat
- 12 tazas de agua
- 6 tazas de azúcar
- 24 kumquats frescos y en rodajas

Esponjado
- $^3/_4$ de taza de zumo de limón de cáscara amarilla
- $^1/_3$ de taza de crema de leche
- 12 cucharadas de azúcar granulada
- 5 huevos, yemas y claras separadas
- 2 cucharadas de maicena
- 1 sobre de gelatina sin sabor ($^1/_4$ de onza)
- 3 cucharadas de agua
- Azúcar pulverizada
- 1 cajita de moras rojas frescas
- 1 cajita de moras negras frescas
- 6 hojas de menta (yerbabuena) frescas

El **Dulce de kumquat** se prepara revolviendo el agua y el azúcar a fuego medio hasta que el azúcar se disuelva; luego se agregan los kumquats y se deja hervir. Se cocinan 10 minutos y luego se dejan en reposo.

Para el **esponjado**, e hierven el zumo, la crema y 2 cucharadas de azúcar 1 minuto o hasta que el azúcar se disuelva.

Se baten las yemas, 2 cucharadas de azúcar y la maicena hasta que el color esté pálido. Poco a poco se incorpora la mezcla de limón y se revuelve bien. Se cuela y se regresa a la olla. Se cocina a fuego medio batiendo constantemente sin dejarse hervir hasta que espese. Se retira del fuego y se le mezcla la gelatina.

Se ponen a hervir el azúcar y el agua restantes a fuego alto hasta que el termómetro de dulces marque 240°F.

Entretanto se baten las claras a punto de nieve con una batidora eléctrica y poco a poco se vierte la miel caliente. Se continúa batiendo hasta que se enfríe y luego se incorpora la mezcla de las yemas. Se vierte en 6 moldes de 4 pulgadas y se congelan por 4 horas o hasta que se endurezcan.

Se precalienta el horno a 400°F. Con un cuchillo delgado se despegan los esponjados congelados y se colocan sobre refractarios de servir individuales. Se hornean 15 minutos o hasta que estén dorados. Se espolvorean con azúcar pulverizada y se sirven con las moras alrededor. Se adereza con las hojas de menta. Rinde 6 porciones.

MOUSSE DE MANGO

Claude Troisgros del Blue Door

Este mousse acaramelado se sirve con mango fresco, menta y ensalada al ron.

Mousse

    1 mango grande y maduro, pelado, cortado y
        licuado (1 taza)
    1 sobre de gelatina sin sabor ($^1/_4$ de onza)
    4 yemas de huevo
    $^1/_2$ taza de azúcar granulada
    2 cucharadas de harina de trigo
    $^3/_4$ de taza de crema de leche
    2 cucharadas de azúcar pulverizada

Ensalada de mango

    $^1/_4$ de taza de azúcar granulada
    $^1/_4$ de taza de agua
    2 mangos frescos cortados en cubos
    $^1/_2$ taza de jugo de mango
    Zumo de un limón de cáscara amarilla
    $^1/_2$ taza de hojas de menta (yerbabuena) picadas
    2 cucharadas de ron
    Azúcar pulverizada para espolvorear

Para el **mousse** se forran con plástico por dentro 6 moldes de 3 a 4 onzas de capacidad. Se vierten 3 cucharadas del puré de mango en una vasija y se espolvorea con la gelatina para ablandarlo. Se baten las yemas, el azúcar granulado y la harina a alta velocidad hasta que espesen y su color sea pálido, unos 2 minutos.

Se mezcla el resto del puré de mango, 6 cucharadas de crema y la gelatina disuelta y se coci-nan 1 minuto a fuego lento hasta que la gelatina se disuelva completamente y obtenga una consistencia dura. Poco a poco se vierte esta mezcla en la de las yemas, se devuelve a la olla y se cocina a fuego medio hasta que espese, revolviendo constantemente para que no se pegue y no hierva. Se deja enfriar.

Se bate la crema restante con el azúcar pulverizada hasta que se formen copos suaves; luego se incorpora a la mezcla de mango y se vierte en los moldes. Se refrigeran al menos 3 horas.

Para la **Ensalada de mango**, se hierven el agua y el azúcar granulada 5 minutos hasta que el azúcar se disuelva y tenga consistencia de miel. Se deja enfriar, se agregan los demás ingredientes de la ensalada, se tapa y se marina en el refrigerador por 3 horas.

Se sirve la ensalada en 6 platos llanos y se desmoldan los mousses encima. Se espolvorean con azúcar pulverizada y se caramelizan bajo una antorcha o en el horno unos segundos. Se espolvorea azúcar pulverizada sobre platos y ensalada como si fuera nieve. Rinde 6 porciones.

TORTAS DE CHOCOLATE CALIENTE
EN TRES SALSAS

Todd Weisz del Turnberry Isle Resort & Club

Estas maravillosas tortas sólo contienen 60 calorías y su sabor se realza si se sirven calientes.

Salsa de mango y jengibre

2 mangos pelados en trozos pequeños
2 cucharaditas de jengibre picado menudo
1 taza de Riesling u otro vino blanco semidulce
1 taza de zumo de naranja natural

Salsa de moras rojas

1 cajita de moras frescas
$^1/_2$ cucharadita de zumo de limón
Endulzante Aspartame o azúcar al gusto

Salsa de moras negras

1 cajita de moras negras
$^1/_2$ cucharadita de zumo de limón
Endulzante Aspartame o azúcar al gusto

Tortas de chocolate

5 onzas de chocolate semidulce
3 cucharadas de leche descremada
1 taza de azúcar
2 cucharadas de mantequilla
3 huevos
1 taza de harina de trigo sin blanquear
1 taza de harina de trigo integral
2 cucharaditas de bicarbonato de soda
1 taza de café bien frío
$^1/_4$ de taza de jerez seco

Para la **salsa de mango** se mezclan todos los ingredientes, se hierven a fuego alto y luego se baja la candela y se cocinan 10 minutos. Se deja enfriar la salsa y se licúa hasta que esté suave. Para la **salsa de moras rojas** se licúan todos los ingredientes y se cuelan. Lo mismo para la **salsa de moras negras**.

Para las **tortas de chocolate**, se precalienta el horno a 350°F. Se engrasan 4 moldes de *muffins* o latas para tortas pequeñas (16 en total). Se mezclan el chocolate, la leche, el azúcar y la mantequilla y se colocan al baño María, revolviendo hasta que estén suaves. Se retira del fuego, se baten los huevos y se incorporan a esta mezcla. Se mezclan la harina y el bicarbonato y en otro recipiente el café y el jerez. Se van añadiendo las dos mezclas comenzando con los ingredientes secos y mezclando bien después de cada uno. Se vierte $^1/_4$ de taza en cada molde y se hornean por 20 minutos. Se sacan del horno y se voltean sobre una tabla.

Para una presentación llamativa, se vierte 1 cucharada de salsa de mango en la mitad del plato, la salsa de moras rojas alrededor en un anillo de 1 pulgada y luego otro anillo de salsa de moras negras. Sosteniendo el plato con ambas manos, se golpea contra la mesa y luego se gira 2 veces con movimiento círcular. Se coloca la torta un poco descentrada. Se sirve al instante. Rinde 16 porciones.

CRUJIENTE PASTEL DE CHOCOLATE Y AVELLANAS

Pascal Oudin del Sweet Donna's Country Store Restaurant and Bakery

Galleta de avellanas

    5 claras de huevo
    $^1/_2$ taza de harina de avellanas
    $^1/_4$ de taza más 2 cucharadas de azúcar pulverizada

Pasta de chocolate para la cubierta

    $^3/_4$ de taza de crema de leche
    $6^1/_2$ onzas de chocolate amargo

Pastel crocante

    1 onza de chocolate amargo
    $^1/_2$ taza de pasta de avellanas o mantequilla de maní cremosa
    $^1/_4$ de taza de *Rice Crispies*

Salsa profiterole

    $^1/_2$ taza de azúcar granulada
    $^1/_4$ de taza de cacao en polvo
    $^1/_4$ de taza de agua
    $^1/_4$ de taza de crema de leche
    $1^1/_4$ de taza de crema de leche batida

Pasta de chocolate blanco

    16 onzas de chocolate blanco en trozos pequeños
    2 tazas de crema de leche
    $^1/_2$ taza de ron liviano

Se baten las claras a punto de nieve y se agrega poco a poco el azúcar. Se sigue batiendo y se incorpora la pasta de avellanas. Se esparce homogéneamente ($^1/_4$ de pulgada) sobre una bandeja engrasada. Se hornea 8 minutos en el horno precalentado a 150°F. Se deja enfriar. No debe quedar firme.

Para la **pasta de chocolate**, se hierve la crema de leche y se agregan los pedazos de chocolate revolviendo hasta que se derritan y se baja el fuego. Se divide en 2 porciones y se deja enfriar.

Para el **pastel crocante** se derrite el chocolate, se agrega la pasta de avellanas y el *Rice Crispies* y se mezcla bien. Se deja reposar.

Para la **salsa profiterole** se mezclan el azúcar y la cacao, se agregan el agua y la crema y se hierven revolviendo constantemente. Luego se vierte en la pasta de chocolate y se le mezcla la crema batida.

Con un cortador de galletas de $1^1/_2$ pulgadas de diámetro se cortan 12 círculos de la galleta de avellanas y se pela con cuidado el papel. Sobre una bandeja de horno fría se organizan moldes refractarios de $^1/_2$ pulgada de altos y se colocan dentro las galletas cubriéndolas con un poco del pastel. Se acaban de llenar los moldes con la salsa profiterole. Se refrigeran por varias horas.

Para la **pasta blanca**, se hierve la crema y se vierte caliente sobre los trozos de chocolate blanco, revolviendo hasta que se derritan. Se agrega el ron.

Para servir, se calienta a fuego lento la pasta oscura, se desmoldan los pasteles y se vierte un poco de esta pasta sobre cada uno; luego se vierten varias cucharadas de pasta blanca sobre el plato para que el pastel quede flotando. Rinde 12 porciones.

REFRESCOS TROPICALES

El calor y la humedad del Sur de La Florida producen una sed insaciable. El té helado y las colas se toman con obsesión, y bebidas exóticas como las siguientes son refrescantes.

MANGORITA HELADA

1 mango maduro
2 onzas de tequila
2 onzas de Triple Seco
Zumo de $\frac{1}{2}$ limón de cáscara amarilla
1 cucharadita de azúcar
Trozos de hielo

Se pela y se parte el mango en trozos. Se licúan todos los ingredientes menos el hielo y cuando estén suaves. Se agregan 2 tazas de hielo y se licúa hasta que el hielo se muela un poco. Se sirve en 2 vasos helados de margarita. Rinde 2 bebidas.

DAIQUIRI DE PIÑA

$\frac{1}{2}$ taza de jugo de piña
2 onzas de ron blanco
1 cucharada de zumo de limón de cáscara
  amarilla
$\frac{1}{2}$ cucharadita de Cointreau
$\frac{1}{2}$ taza de hielo picado
Azúcar pulverizada (opcional)

Se licúan todos los ingredientes menos el azúcar, y cuando estén suaves se le agrega si es necesario. Se sirve en un vaso de diseño antiguo de 8 a 10 onzas. Rinde 1 bebida.

COSMOPOLITANO

1 onza de vodka
$\frac{1}{2}$ onza de Triple Seco
$\frac{1}{2}$ onza de zumo de limón Rose
$\frac{3}{4}$ de onza de jugo de cranberry
Trozos de hielo

Se vierten los ingredientes en una coctelera y se sacuden hasta que ésta se sienta bien fría. Se sirve en 1 vaso de coctel. Rinde 1 bebida.

MARTINI ASTOR

2 onzas de vodka con sabor a naranja
$\frac{1}{2}$ onza de Campari
2 onzas de jugo de naranja
Trozos de hielo
Aderezo: una rodaja de naranja

Se vierten el vodka, el Campari, el zumo y el hielo en una coctelera y se sacuden hasta que ésta se sienta fría. Se sirve en 1 vaso de coctel y se adereza con la rodaja de naranja. Rinde 1 bebida.

RON RUNNER

1 taza de hielo
3 onzas de zumo de naranja
1 onza de ron aromático Captain Morgan
$\frac{1}{2}$ onza de licor de moras negras
$\frac{1}{2}$ onza de licor crema de banano
$\frac{1}{2}$ onza de granadino

Se licúan todos los ingredientes hasta que el hielo esté picado. Se sirve en un vaso alto. Rinde 1 bebida.

MOJITO

$1\frac{1}{4}$ onzas de ron oscuro
Zumo de $\frac{1}{2}$ limón de cáscara amarilla
2 cucharaditas de azúcar
5 hojas de menta (yerbabuena)
Cubos de hielo
Club soda

Se licúan el ron, el zumo, el azúcar y la menta hasta que las hojas queden molidas. Se vierte sobre $\frac{1}{2}$ vaso alto de cubos de hielo y se termina de llenar con club soda. Rinde 1 bebida.

LAZY LESLIE

Cubos de hielo
$1\frac{1}{2}$ onzas de ron de coco Malibú
**   (o de otra marca)**
1 onza de leche de coco
1 onza de granadino
Jugo de piña

Se llena 1 vaso alto con hielo y se vierte el ron, la leche de coco y el granadino; se termina de llenar con jugo de piña y se mezcla. Rinde 1 bebida.

BLUE MARLIN

2 onzas de ron blanco
1½ onzas de blue curacao
2 onzas de gotas amargas
 (preparadas dulces o amargas)

Se sacuden bien el ron, el blue curacao y las gotas amargas con hielo y se cuelan a un vaso de martini. Rinde 1 bebida.

PONCHE SHABEEN

¾ de onza de ron blanco
¾ de onza de ron oscuro
½ onza de Triple Seco
¼ de taza de jugo de mango
¼ de taza de jugo de papaya
¼ de taza de jugo de guayaba
¼ de taza de jugo de maracuyá

Se llena un vaso alto de 8 onzas con hielo, se añaden los rones y el Triple Seco, se termina de llenar con porciones iguales de los jugos y se mezcla. Rinde 1 bebida.

MARTINI DE CHOCOLATE

Cacao en polvo
1½ onzas de vodka de vainilla helada
1½ onzas de crema de cacao blanca
1 chocolate Hershey's Kiss
Licor de chocolate Godiva

Se humedece la superficie exterior de 1 vaso de martini con agua y luego se impregna el borde con el cacao. Se sacuden el vodka y la crema de cacao en una coctelera y se vierten en el vaso. Se echa el chocolate y encima un chorrito de licor de chocolate.

Adaptación de Scott Szabo, del hotel Tides.

Otras Recetas

PLÁTANOS ACARAMELADOS
Carmen González

2 cucharadas de mantequilla
2 plátanos maduros, pelados y cortados en
    rodajas de $1\frac{1}{4}$ pulgadas
1 taza de azúcar moreno claro
2 astillas de canela
$1\frac{1}{2}$ tazas de agua

Se calienta la mantequilla a fuego medio y se doran los plátanos por ambos lados. Se agrega el azúcar, la canela y el agua y se cocina 20 minutos o hasta que los plátanos estén blandos. Se escurren, y el líquido solo se hierve y luego se deja espesar a fuego lento hasta que tenga una consistencia de caramelo. Luego se vierte sobre los plátanos.

SALTINAS DE PAPA
Johnny Vinczencz, del Astor Place y Johnny V's Kitchen

3 papas grandes de hornear, peladas
Aceite vegetal
Sal y pimienta al gusto

Se rayan las papas sobre un recipiente con agua. Se cubre la superficie de una sartén con aceite y se calienta a fuego medio-alto. Se escurren las papas y se dora una capa delgada y homogénea de ellas hasta que quede crujiente, unos 7 a 8 minutos por cada lado. Se espolvorea sal y pimienta al gusto. Se saca sobre toallas de papel y cuando aún está caliente se corta en triángulos de 6 pulgadas de largo.

YUCA FRITA
Pascal Oudin, del Sweet Donna's Country Store Restaurant & Bakery

1 yuca mediana pelada
Aceite vegetal o de semillas de uva para freír

Se deja la yuca pelada en agua fría. Se calienta el aceite a 350° F y con un pelapapas se van cortando tiras de yuca, al mismo tiempo que se echan en el aceite en pequeñas cantidades para que no se peguen. Se doran bien y se sacan en toallas de papel.

TORTAS DE PAPA
Johnny Vinczencz, del Astor Place y Johnny V's Kitchen

4 papas peladas y rayadas
$\frac{1}{2}$ taza de mitad de leche mitad de crema
2 huevos
$\frac{1}{2}$ taza de queso parmesano rayado
$\frac{1}{2}$ taza de pan rayado
3 cucharadas de aceite vegetal
2 cucharadas de crema amarga
1 cucharada de cebolletas picadas

Se mezclan las papas, la crema, los huevos, el queso y el pan rayado. Se calienta el aceite en un sartén de teflón y se vierte 1 taza de la mezcla. Se dora 5 minutos por cada lado. Se corta en triángulos y se adereza con un poco de crema amarga y cebolletas.

CERDO A LA PARRILLA MARINADO CON SALSA JAMAIQUINA PICANTE
Mark Militello, del Mark's Las Olas

filete de solomillo de cerdo sin grasa para 6 porciones (de 6 a 8 onzas)

Marinada jamaiquina picante
1 nuez moscada entera
1 cucharada de especia de moras
1 astilla de canela
$1^1/_2$ tazas de cebolla picada
$1^1/_2$ tazas de cebolletas picadas
1 taza de aceite de oliva
1 taza de zumo de naranja agria
$^1/_2$ taza de salsa de soya
$^1/_4$ de taza de hojas de tomillo fresco
2 pimientos picantes *Scotch Bonnet*
1 cucharada de jengibre fresco triturado
Sal y pimienta molida en casa

La nuez moscada, la especia de moras y la canela se tuestan a fuego lento en una sartén seca y luego se muelen. Se licúan con los demás ingredientes hasta formar una pasta suave. Se puede apartar $^1/_4$ de taza de la mezcla como aderezo o para untar la carne mientras se asa. Se deja marinar la carne en el refrigerador varias horas, cubierta con la mezcla en un recipiente no reactivo con tapa.

En la parrilla bien caliente, se dora el cerdo volteándolo constantemente unos 10 minutos. La temperatura interna debe alcanzar 150°F. Se deja reposar la carne 10 minutos antes de cortar las tajadas. Rinde 6 porciones.

PASTEL DE BANANO Y CREMA
3 tazas de leche
1 grano de vainilla
$^3/_4$ de taza de almidón de maíz (maicena)
1 cucharada de mantequilla
$^3/_4$ de taza de azúcar
$^1/_2$ cucharadita de sal
4 yemas de huevo
1 pasta de 9 pulgadas para pastel
3 bananos, en rodajas de $^1/_4$ de pulgada

Crema para la cubierta
1 taza de crema de leche
2 cucharaditas de azúcar
$^1/_4$ de cucharadita de extracto de vainilla

Para el **relleno** se parte a lo largo el grano de vainilla y se echan la cáscara y las semillas en 2 tazas de leche. Se hierven a fuego medio-alto 10 minutos. Se saca la cáscara de vainilla. En la taza de leche restante se disuelve la maicena y se vierte poco a poco en la leche hervida, batiendo constantemente. Luego se baten en la mezcla la mantequilla, el azúcar y la sal. A fuego medio se vierten las yemas una a una, batiendo constantemente. Se continúa la cocción sin dejarse hervir hasta que la mezcla espese y no tenga grumos.

Se vierte un tercio de la mezcla en el molde con la pasta para pastel y se cubre con rodajas de banano. Luego otra capa de mezcla y bananos y se cubre con el último tercio. En un recipiente de acero inoxidable frío, se baten la crema, el azúcar y la vainilla hasta que tengan una consistencia firme y se cubre el pastel. Rinde 6 a 8 porciones.

Agradecimientos

Colaboradores

Jonathan Eismann es el chef y propietario del Pacific Time. Sus recetas americanas tienen influencia asiática y un toque francés. Graduado del Culinary Institute of America, se ganó el premio Robert Mondavi en 1994 y se ha presentado en la serie del canal Discovery *Great Chefs of the South.*

En el restaurante Twelve Twenty y en la terraza del Tides, el chef **Christophe Gerard** mezcla técnicas francesas tradicionales con la variedad de ingredientes características del sur de La Florida; con su gran experiencia y los más frescos pescados, verduras, frutas y especias, ofrece platos inspiradores que tienen un toque mediterráneo.

Chef **Paul Gjertson**, del Deering Bay Yacht & Country Club ha vivido en el sur de La Florida los últimos 20 años. Graduado de la Escuela de Administración Hotelera de la Florida International University, ha sido desde cocinero y chef asistente hasta *Chef de Partie.*

La chef **Carmen González** fue chef y propietaria del reconocido restaurante Clowns en Coral Gables. Se graduó en Artes Culinarias del New York Restaurant School en 1986. En 1995 creó la Feeding the Mind Foundation, un programa de becas para estudiar 2 años en la Johnson & Wales University, para mujeres que viven en los refugios públicos del Condado de Dade.

Cindy Hutson, chef del Norma's on the Beach, aprendió a cocinar de adolescente mirando el *The Galloping Gourmet* y otros programas. Cuando vivió en Jamaica desarrolló su New World Caribbean Cuisine experimentando con versiones ligeras de la cocina tradicional del Caribe.

Jan Jorgensen y **Soren Brendahl** del Two Chefs Cooking comenzaron como una escuela-almacén. Por iniciativa de los estudiantes abrieron el restaurante, el cual, en 1977 fue aclamado como el mejor de Miami. Su escuela ha sido distinguida por *New Times* magazine como la mejor por 4 años y por *South Florida* como una de las mejores.

Mark Militelo abrió Mark Las Olas en 1994. Su menú ofrece los refrescantes ingredientes del Caribe y las técnicas mediterráneas. En 1990 *Food and Wine* lo distinguió como uno de los mejores chefs del país en 1995 *Bon Appetit* como uno de los mejores del año, y *Simply Seafood* como el chef del año de los mariscos. En 1977 Florida Trend le otorgó el premio *Golden Spoon.*

El chef **Pascal Oudin** fue seleccionado en 1995 por **Food & Wine** como uno de los mejores chefs americanos. Mientras era director y chef del Grand Café del Bay, el crítico del *Esquire* John Mariani mencionó su gran talento. El Sr. Oudin ha abierto el novedoso restaurante familiar Sweet Donna's Country Store Restaurant & Bakery.

En los ochenta, el chef **Doug Shook** descubrió su amor por la cocina en la región vinícola de California y desde 1985 se ha dedicado a su pasión en el Louie's Backyard, una de las pocas cocinas con vista al mar.

Chef **Dawn Sieber** se graduó del Baltimore International Culinary Arts Institute; llegó al Cheeca Lodge como chef asistente y ahora es chef ejecutiva. Su menú mezcla las recetas tradicionales de Los Cayos con su estilo americano contemporáneo. Se ha presentado en *CBS This Morning Show,* y en el TV Food Network en *Food Today.*

Chef **Allen Susser** abrió Chef Allen's en 1986, adaptando su estudios de la Escuela de Administración de Restaurantes del Technical College de Nueva York y de la universidad de La Florida a la variedad de ingredientes del sur de La Florida y creando así la New World Cuisine. Su cocina sigue cambiando con las influencias culturales de la región y los sabores del Caribe. Críticos nacionales y locales han elogiado su restaurante, y en 1994 la fundación James Beard le otorgó el premio del mejor chef del sureste. Es autor de *New World Cuisine and Cookery* y de *The Great Citrus Book.*

El chef ejecutivo **Claude Troisgros** ofrece su estilo contemporáneo derivado de la cocina francesa en el Blue Door del hotel Delano. Es hijo de un reconocido chef y ejecutivo de restaurantes; se educó en Francia y vivió casi 20 años en Brasil. Vive entre Miami y Río.

El chef **Norman Van Aken** es el dueño del aclamado Norman's de la parte histórica de Coral Gables, llamado el mejor restaurante del sur de la Florida por el *New York Times.* Chef Van Aken es considerado el 'padre de la New World Cuisine' y ha recibido dos premios James Beard, el premio Robert Mondavi, el *GQ's* Golden Dish y el *Food Arts* Silver Spoon. Es el autor de 4 libros de cocina, entre los cuales el *Norman's New World Cuisine* fue nominado para el Julia Child/1ACP.

El chef **Efraín Veiga** abrió el Yuca (Young Upscale Cuban American) en Coral Gables en 1989, y es uno de los varios restaurantes del sur de La Florida que se destacaron por ofrecer platos novedosos basados en los ingredientes cubanos tradicionales.

El chef **Johnny Vinczencz** dirige el Astor Place del Astor en Miami Beach y el Johnny V's Kitchen en South Beach. Trabajó en servicios de banquetes y como chef del conocido Southwestern de Atlanta. En La Florida trabajó en varios restaurantes antes de convertirse en el chef del Astor Place.

Todd Weisz es el chef ejecutivo del Turnberry Isle Resort & Club. Está a cargo de los 5 restaurantes y las 6 cocinas del condominio hotelero. Asegura que su éxito se debe a los ingredientes más frescos, cultivados en los jardines del hotel o en Miami y el Caribe.

Recetas de **Caroline Stuart** preparadas por **Allen Smith** y **Glen Wilkes**.

Fuentes

Cubierta y página 3: flamingo de la Pink Palm Company.

Papel del fondo: pintura de Matthew Popielarz, cortesía de la Crown Art Gallery, Inc.

Página 10: plato, salero y pimentero del World Resources, molino de pimienta del The 24 Collection.

Página 15: *South Beach*, varias técnicas de Alezander Chen, cortesía de Gallery Art. ©Alexander's World. HYPERLINK "http://www.artman.net" # www.artman.net, tel: (800) 332-4278.

Página 24: artículos cortesía del hotel Marlin, Arango y Pier 1.

Página 30: plato y bandeja de Arango.

Página 35: plato verde de Helium

Página 39: plato de Rose Gispert-Qintana, Clayworks.

Página 41: fuente de Details, cubiertos, salero y pimentero de Arango y vaso de Belvetro.

Página 43: plato y cubiertos de Details.

Página 45: plato de Cookworks de Santa Fe.

Página 47: todos los objetos de Details.

Página 53: fuente del World Resources, pintura de Dayna Wolfe del Daynart.

Página 55: plato y taza sopera de Clayworks.

Página 59: taza sopera y plato de Amadeo Gabino de Arango.

Página 61: platos y pintura de Dayna Wolfe del Daynart.

Página 63: plato de Daynart, taza sopera del Dish, cuchara de madera de coco y taza de plata de Neiman Marcus, mesa de madera de coco del South Beach Design Group.

Página 65: todos los utensilios de Cookworks de Santa Fe.

Página 75: todo el servicio de Neiman Marcus.

Página 79: plato y cubiertos de Arango, servilleta de Details.

Página 81: cubiertos de Details.

Página 87: cubiertos de Arango.

Página 93: taza de Helium.

Página 95: plato del World Resources, cuchillo de Details, tazas de colores, cubiertos y sillas de Pier 1.

Página 97: plato de Details.

Página 99: cucharón de Details.

Página 101: mantel de Neiman Marcus.

Página 103: plato del World Resources, tenedor de Details.

Página 105: todos los utensilios de Cookworks de Santa Fe.

Página 107: platos y cubiertos de Neiman Marcus.

Página 109: bandeja, plato y cuchara de Details.

Página 111: plato de Daynart, tenedor de Arango.

Página 115: plato y cuchara de Arango, cucharón de Details.

Página 119: bandeja y plato de Daynart.

Página 121: plato de Pier 1, tenedor de Arango.

Página 123: plato de Details, paleta de Arango, palma de peltre del South Beach Design Group.

Página 125: cuchara de Arango.

Página 129: plato del World Resources, cuchara de Arango.

Página 131: plato y vaso de Details.

Tiendas y artistas

24, The Twenty-Four Collection es un lugar que hay que visitar. Se encuentra desde la última moda femenina francesa hasta instrumentos musicales del Tíbet. La mercancía es de buen gusto, de marca y exclusiva. 24.744 Lincoln Road, Miami Beach, FL 33139; tel: (305) 673-2455.

Arango es una de las tiendas de diseño más conocidas en los Estados Unidos y una fuente inigualable de muebles y regalos contemporáneos sofisticados. Fué fundada en 1959 y en el momento es la tienda de diseño más antigua del país. Su colección comprende muebles, lámparas, servicio de mesa, artículos de oficina, juguetes, joyas y libros. Hacen exhibiciones y presentaciones. 7519 Dadeland Mall, Miami FL 33156; tel: (305) 661-4229. HYPERLINK http://www.arango-design.com www.arango-design.com.

Belvetro Glass Gallery: tiene toda clase de artículos de vidrio para los coleccionistas serios y para los que no lo son. Representa a más de 40 artistas de todo el mundo como Shane Fero, Marc Petrovic, Lino Tagliapletra y otros. 934 Lincoln Road, Miami Beach, FL 33139; tel: (305) 673-6677.

Clayworks Gallery se especializa en artículos originales de cerámica y mosaicos. Casi todas las piezas son diseñadas por las dueñas, Rose Gispert-Qintana y Rochelle Relyea. Rose Gispert Qintara es una artista reconocida de Barcelona; sus piezas también se pueden encontrar en otras galerías y colecciones privadas. 630 F Lincoln Road, Miami Beach, FL 33139; Tel: (305) 672-7179

En **Cookworks de Santa Fe** se encuentra desde equipos profesionales de cocina hasta servicios de mesa y comida gurmet. 9700 Collins Avenue #257. Bal Harbour, FL 67501; tel: (305) 861-5005

En **Daynart** la artista Dayna Wolfe presenta una estimulante colección de lienzos, platos y bandejas pintadas a mano. Cada pieza es única, funcional y llena de color cualquier rincón de la casa u oficina. 66 NE 40th Street, Miami, FL 33137; Tel: (305) 438-9866.

Details at Home, uno de los lugares de compras favoritos del sur de La Florida desde 1989, es líder en diseños que marcan la moda y capturan la esencia del estilo de vida de Miami. Dos almacenes convenientemente situados ofrecen una gran variedad de muebles, regalos, artículos decorativos, regalos de boda y servicios de diseño. 1031 Lincoln Road. Miami Beach, FL 33139; tel: (305) 531-1325.

Dish es una fuente inagotable de platos, vasos y servicio de mesa nunca usados. Hay artículos al alcance de todos, exhibidos en grandes pilas que van del piso al techo, dentro de grandes cestos, llantas de vagones y barriles; todo adornado con los colores tropicales del sur de La Florida. 939 Lincoln Road, Miami Beach, FL 33139; tel: (305) 532-7737.

Gallery Art es un lugar agradable donde se encuentran piezas de diferentes técnicas: oleos, acrílicos, serigrafias, vidrio, bronces y afiches de artistas reconocidos mundialmente, a precios módicos. Promenade Shops, 20633 Biscayne Blvd., Aventura, FL 33180; tel: (305) 932-6166.

En **Helium** se encuentra una colección contemporánea de artículos para el hogar y regalos. 760 Ocean Drive, Miami Beach, FL 33139; tel: (305) 538-4111.

La conocida tienda **Neiman Marcus** ofrece artículos de última moda: desde vestidos de hombre y mujer y accesorios de diseñadores exclusivos, hasta zapatos, carteras y regalos elegantes. Se ha distinguido porque sus empleados especializados en ayudar con las compras ofrecen una excelente atención. 9700 Collins Avenue, Bal Harbour, FL 33154; tel: (305) 865-6161.

Visite **Pier 1 Imports**, y encontrará las cosas que hacen una casa acogedora, desde muebles hasta velas, adornos y mucho más. 1224 S, Dixie Highway, Coral Gables, FL 33146, o llame al (800) 44-PIER1.

Pink Palm Company es una tienda de tarjetas y regalos variados y únicos. Allí se encuentran regalos fantásticos para uno mismo y para los demás bonitos, de buena calidad y a precios que le permiten disfrutar la compra. Se pueden visitar en el red, HYPERLINK http://www.pinkpalm.com # www.pinkpalm.com. 737 Lincoln Road, Miami Beach, FL 33139; tel: (305) 538-8373.

Signature Limousines & Bodyguard Services. 8979 Southwest 40th Street, Miami, FL 33165; tel: (305) 717-5470, fax (305) 551-6132.

El **South Beach Design Group** trae su colección de todos los rincones del mundo. Sus diseñadores se dedican a lo último en diseño y a complacer a su clientela. 701 Lincoln Road, Miami Beach, FL 33139; tel: (305) 672-8800.

World Resources ofrece una gran colección de muebles de Indonesia y de la India. Sus salas de exhibiciones al aire libre y bajo techo muestran antiguedades y reproducciones auténticas. Miami Design District, 56 NE 40th Street, Miami, FL.

La editorial y la autora desean agradecer a Karen Brown, del Island Outpost; Kasper Van Deurs, Regina Nuessle, Rafael Croce, Freddy Castro, Signature Limousines & Bodyguard services, y a Nancy Stern, del Cookworks.

Agradecemos especialmente a los empleados de los restaurantes que hicieron posible este proyecto:

Louie's Backyard
Chef Doug Shook
Joseph Parker
Chef Darrin Swartz, jornada del día
Patricia Tenney y
Phillip Tenney, propietarios

Checca Lodge
Chef Dawn Sieber
Marie Leger
Brenda Le Beau

Deering Bay Yacht & Country Club
Chef Paul Gjertson

Sweet Donna's Country Store & Bakery
Chef Pascal Oudin

Norma's on the Beach
Cindy Hutson
Norma Shirley
Mary K. Rohan, chef de cocina
Rose Castro, gerente

Pacific Time
Jonathan Eismann
Yuca
Efraín Veiga, propietario

Tides Hotel
David Baldwin, gerente general
Chef Christophe Gerard
1220 Bar, Scott Szabo, cantinero
Joe Flores, jefe de compras

Marlin Hotel Bar
Eddy Martínez, cantinero
Turnberry Isle Resort & Club
Chef ejecutivo, Todd Weisz

Two Chefs Cooking
Chef Jan Jorgensen
Chef Soren Brendahl
Juan Seda, cantinero
Scott Kelly, mesero

Chef Allen's
Chef Allen Susser

Mark's Las Olas
Chef Mark Militello
Dana Milhiser, chef de pastelería

Norman's
Chef Norman Van Aken
Sam Gottleib, chef de pastelería

Blue Door en el hotel Delano
Chef ejecutivo Claude Troisgros
Chef Luke Rinaman
Calude Roussel, director de comida y bebidas
Hans Jurgen Sund, pastelería
Franco Colloca, chef asistente
Terry Zarikin, relaciones públicas

Chef Carmen González
Alex Paradi, asistente

Índice